教科書と一緒に読む

津軽の歴史

小瑶史朗
篠塚明彦

編著

はじめに

　「私たちが暮らす地域は、どんな歴史を歩んできたのだろうか」。歴史教科書やそれを用いて行われる学校での授業は、そうした問いかけに十分に応えてくれているであろうか。やむをえないことではあるが、歴史教科書はその時々の政治権力が置かれた地域を基軸にして編纂されているため、全ての地域をカバーすることはできない。とりわけ、現在の青森県が所在している北東北地域は、ある時期まで中央政権の勢力外にあったことから、歴史教科書に掲載されている地図においても「空白地」として表現されていたり、地図から除外されている場合さえもある。だが、言うまでもなく北東北地域にも古くから人々が暮らし、歴史は存在している。そして、それを知りたいと願う子どもたちもきっといるに違いない。幸いなことに、自分たちの地域のことを知りたいという願いに応えようとする歴史家たちの仕事も豊富に蓄積されている。

　本書は、中央史を基調にした既存の歴史教科書と主に津軽地方を中心とした歴史とを有機的に関連づけて、学校の歴史授業に活用できる素材や視点などを提供することを目的にして作成している。いわば、歴史家の仕事と学校の授業とを橋渡しする試みとも言える。その際に主として中学校の歴史教科書を参照しながら、それと関連づけやすい津軽地方の歴史に関するトピックを抽出し、時代順に配置している。中学校の歴史教科書に照準を定めたのは、小学校や高等学校の授業にも応用しやすいと考えたためである。

　主たる読者としてまず想定したのは、青森県内の学校で教鞭をとる先生方である。既存の歴史教科書だけでは子どもたちの学習意欲を喚起することが難しい、中央史ばかりを教えることで自分たちが暮らす地域を軽視する見方を育ててしまっているのではないか、自らの生き方・あり方と関連づけて学ばせることが難しい、といった悩みを持つ先生方も多いのではないだろうか。こうした青森県内の先生方が直面している悩みを共有しつつ、多少なりとも実りある学習を提供するためにどのような素材や視点が効果的であるかを私たちなりに模索してみた。本書が先生方の日々の授業づくりの手がかりとして活用され、子どもたちが歴史を学ぶ面白さや意味・意義を実感してくれることにつながれば、

大きな喜びである。

　さて、自分たちが暮らす地域の歴史を知りたいと思っているのは、子どもたちだけではないであろう。地域の歴史や文化を扱った市民講座が各地で開かれていることを見れば、一般の人々のなかにも地域のことを知りたい、あるいは教科書とは異なった視点から歴史を知りたいという思いがあることは容易にうかがい知ることができる。そこで、本書は青森県内の先生方のみならず、広く歴史教育に関心を持つ方々、さらには青森県や津軽地方の歴史に興味を持つ方々にも気軽に手にとって頂ける読み物となるよう心掛けて作り上げたつもりである。

　現在、歴史教育は大きな転換期を迎えようとしている。とりわけ、高等学校では科目再編が進められ、2022 年度から「歴史総合」、「日本史探求」、「世界史探究」という新科目が設置されることになった。そこでは、地域史／日本史／他国史・世界史を往還する見方・考え方の育成が重要な論点として浮上している。こうした動向を受け止めてなのか、桃木至朗監修『地域から考える世界史—日本と世界を結ぶ—』（勉誠出版、2017 年）や村井章介監修『世界史とつながる日本史—紀伊半島からの視座—』（ミネルヴァ書房、2018 年）など、「地域」に軸足を置いて日本史や世界史との関わりを探求する成果物も提出されている。本書もまた地域史と日本史・世界史との関連づけを強く意識したものである。今後、様々な地域で類似した問題関心に基づく書籍・教材づくりが活発化していくと予想されるが、その一つの先行事例として参照して頂きたい。

　本書を構成する各章の執筆に際しては、以下に示す三つの視点を重点的に掘り下げることを意識した。

　一点目は、歴史教科書の叙述内容を深めるべく、その具体事例として地域史を位置づける視点である。歴史教科書には歴史上の出来事や概念・用語などがコンパクトに叙述されているものの、細かな経緯や具体例が省略される場合が多い。そうした不親切さを補うために、教科書で扱われている一般的事項への理解を支える素材として地域史を位置づけている。その際、単に中央史を例証する題材として地域史を位置づけるにとどまらず、「津軽の歴史」が備えている固有性や特質にも目を向けている。

二点目は、他地域との繋がりを重視した点である。先述した歴史教育の改革動向も意識して、自己完結的な「津軽の歴史」に埋没するのではなく、日本列島を構成する諸地域や東アジア世界、より広域の国際秩序との結びつきを描き出すことに力を注いでいる。そのための手がかりとして、地域から流出あるいは地域に流入してきたモノやヒト、思想などに着目し、その越境的な移動を促した歴史的な状況や制度・条件などを探っている。子どもたちのなかには中央から与えられた「最果て」や「道の奥」といった閉鎖的な地域イメージが深く浸透しているように思われてならない。津軽地方が備えてきた豊かなネットワークを提示して、日本列島の各地や世界との結びつきを実感的に学んで欲しい。

　三点目は、人々の「生」に迫る視点である。地域は人々が生活を営む舞台であり、その痕跡に触れるのが地域史を学ぶ醍醐味の一つである。地域の歴史を掘り起こしていくと、自ずとその土地で生きた人々の生活の具体的な様相や感情・意識に触れることとなり、生命・生存を脅かされる人々の姿に向き合う場面も少なくない。そうした地域で営まれる人々の生活は、その時々の政治権力や国家システム、国際情勢などにも強く規定されている。このような「生」のリアリティを示すことで、子どもたちは自らに関わる問題として歴史と向き合うことができるのではないか、また、その時々の権力構造との関わりを掘り下げることで、子どもたち自身の今後の生き方・あり方を考える契機になるのではないかと考えた。

　以上で示した三つの視点は、各章で取り扱っている題材に応じて濃淡が異なっている。また、意識しながらも、様々な制約や私たちの力量不足のために十分に反映できていない部分もあるかもしれない。さらに、ここに示した問題関心とは異なる枠組みから地域史にアプローチする発想もありえるだろう。これらの点を含め、忌憚のないご意見を聞かせて頂けると幸いである。

　本書は小学校から大学までの教員８人で執筆した。執筆者の大学教員のなかには小学校や高等学校で長く教壇に立っていた経験を持つ者もいる。日常的に小学生と接している者と、大学生と接している者との間には自ずと筆運びに差異が生じる。そのため、各章の文体等にはやや不統一なところが見られるかもしれない。しかし、今回は多様な読者に読んでもらうことを意識し、執筆者そ

れぞれのバックボーンを活かすために、あえて全体を統一しなかったことをあわせて申し述べておきたい。

　最後に、本書の構成上の工夫に触れておきたい。まず、各章の冒頭には「教科書では」という項目を設け、既存の歴史教科書と各章との対応関係を簡潔に整理している。教科書を深めていく視点や教科書から欠落している視点、教科書から浮上してくる疑問などを提示している。本論の小見出しは、授業での「発問」も意識して、なるべく子どもたちが関心を持ちそうな言葉・表現を用いるよう考慮した。また叙述内容をより具体的に理解できるよう、写真や地図などの視覚的資料を豊富に組み込むよう心がけた。これらの諸資料のうち出典が示されていないものは、各執筆者が作成・撮影したものである。また、多くの章のなかに「もっと知りたい人のために」という項目を設け、先生方が教材研究の過程で直接現場に向かうことなどを考慮し、各トピックに関連する史跡や資料館等のフィールド情報を整理して記した。是非、歴史の現場に身を置き、遺物・遺構や史資料に直接触れてより深く学んで頂きたい。各章の末尾には「参考文献」を挙げ、執筆に際して参照した文献のなかから一般の読者でも入手しやすい文献を選定するよう心掛けた。

　なお、本書の執筆に際しては、多くの章において『青森県史』を大いに参考にさせて頂いている。しかし、繰り返し提示する煩雑さを避けるために、「参考文献」の項には記さなかったことをお断りしておきたい。本書は青森県の地域史研究に携わってこられた方々の仕事に多くを依拠している。魅力的な素材と分厚い研究蓄積が存在するにも関わらず、残念なことにその成果が学校現場に十分に活かされているとは言い難い状況にある。これまでの地域史研究の成果に敬意を払うとともに、今後、歴史教育と歴史学研究の交流が一層活発となることを期待したい。そして、本書がその契機の一つとなることができれば望外の喜びである。

小瑶史朗・篠塚明彦

教科書と一緒に読む　津軽の歴史

＜目　次＞

1．津軽から始まる「日本列島の歴史」？ ―三内丸山遺跡―

　子どもも、大人も、三内丸山遺跡（青森市）を知らない人を探すことは難しい。小学校社会科教科書の全てが、三内丸山遺跡のイラストや写真を掲載し、見開き2ページ以上を縄文時代に割いている。学習指導要領に、「狩猟・採集や農耕の生活、古墳、大和朝廷（大和政権）による統一の様子を手掛かりに、むらからくにへと変化したことを理解すること」と記されていることで、あたかも「日本列島の歴史」はここから始まったと感じるような編集となっている。

　一方、中学校の教科書では、小学校と比べると縄文時代の記載が少ないが、「地域の歴史を調べる」というコラムで、三内丸山遺跡を大きく扱っている教科書もある。中学校教科書は、「日本列島の歴史」はここから始まったという編集にはなっていないが、歴史イメージとして、小学校の歴史学習の影響は大きい。では、「日本列島の歴史」の始まりであるかのようなイメージの三内丸山遺跡の特徴はどのようなものであろうか。

● 三内丸山遺跡の位置と発掘の経緯

6本柱の巨大掘立柱建物と大型住居

　三内丸山遺跡は、新青森駅から南に約2kmの丘陵に位置している。八甲田山から続いている標高20mの丘陵地の北端である。現在、国指定特別史跡として整備が進んでいるが、その範囲は35haにも及び、東京ドーム7個分以上の広大な面積であり、縄文時代前期中葉から中期末葉、約5900～4300年前の巨大集落跡である。

　発掘調査は、1992年から開始され、ほどなく縄文時代の常識を覆すような

巨大な集落跡が次々と発見された。1994 年 7 月に直径約 1 m のクリの巨木を使った大型掘立柱建物跡が発掘されると、遺跡保存の声が高まり、県営野球場建設は中止となり、1997 年 3 月、国の史跡に指定された。

　三内丸山遺跡は、江戸時代から知られており、『永禄日記』（山崎立朴著、1623 年）には現在の遺跡から多数の遺物が出土したことが記されている。また、紀行文で有名な菅江真澄はこの地を訪れて、『すみかの山』（1799 年）に縄文時代の土器や土偶のスケッチと考察を記している。江戸時代前期（1620 年代）から後期(1800 年近く)にわたり執筆されていることからも、かなりの量と質の遺物が出土していたのだろうと想像できる。

　現代になっても考古学者の清水潤三氏（慶應義塾大学）や青森県・青森市教育委員会により発掘調査が行われており、1976 年の県教委の発掘では、縄文時代中期の成人用の墓が56 基、同じ方向に

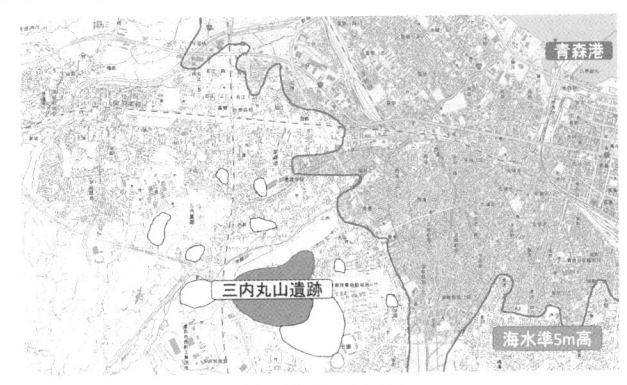

縄文海進の地形
岡田康博氏作成「縄文海進と三内丸山周辺の遺跡」を参考に作成、国土地理院発行電子地形図 25000（平成 31 年4 月 10 日調整）を基にした。

等間隔に配列された状態で発掘されている。

　また、周辺には、近野遺跡、三内沢部遺跡、三内遺跡、熊沢遺跡などの縄文遺跡が分布しており、集落が形成された時期が同じ遺跡同士は、共通した生活圏を営んでいただろうと考えられる。さらに、北海道南部から北東北地方に広がる縄文文化圏に位置しており、縄文海進の時代に津軽海峡に面した地域相互の繁栄を感じることができる。

● 縄文時代の常識を覆す三内丸山遺跡

　三内丸山遺跡は、約 1500 年間にわたり、人々の暮らしが残されただけでなく、その規模の大きさや発掘されたものの特性から、従来の縄文時代の常識を覆し

てきた。それは、6本の直径1mをこえるクリの大木の柱で支えられたであろう大型掘立柱建物、1500年間のどの時期にもあったと考えられている集落中心部の大型建物などである。さらに、700軒以上の竪穴住居が発掘されており、「縄文都市」と考えられる論もあった。発掘調査からは、20軒前後、最大時80軒の住居があったとされている。竪穴住居1軒に、4〜5人で生活していると考えると、三内丸山には、数十人から500人ぐらいが暮らしていた。従来の縄文遺跡の調査からは、一つの集落は数十人を限度と考えられていたことからすると大変な数の人々の暮らしが三内丸山にはあったことになる。同時に、三内丸山の発掘調査によれば、竪穴住居のほとんどが長径4m以下の小型住居であり、竪穴の掘り込みも浅く、通年で定住していたのではなく、季節的な定住や夏季の交易センターだったのではないかとも考えられている。

　また、大型建物の中でも最大の建物は、小型の竪穴住居と比較すると、200人以上の人々が暮らすことのできる面積を有している。しかし、多くの小型竪穴住居が同時に存在しており、こうした巨大建物で日常生活をすることは考えにくく、これらの建物は、家族的な生活の場ではない共同施設と考えることができる。中央部に常時4〜5棟が建てられていたこの大型建物は、ある一定の長さの単位（約35cm、縄文尺）を使って建てられたと考えられ、計画性のある何らかの意図を有する建物であることがわかる。こうした計画性、共同性から、三内丸山遺跡に暮らした縄文人が、優れた高い技術を持った集団であり、継続性や大規模性から、高度な技術を継承し、作業の進行を指揮するリーダーがいたのではないかと考えることもできる。

　また、三内丸山遺跡からは、集落の規模から考えると多すぎる数の土器や土偶が発掘され、焼成に失敗した土器も多数見つかっている。これらを焼くための粘土を採掘した穴も見つかっていることからも、土器や土偶をほかの集落に供給していたのではないかと考えることができ、土器や土偶を焼く専門的な技術者と専業的な集団の存在の可能性もある。ほかの集落との関係で考えると、交換によって成立する分業をしていた可能性もある。また、南北にある盛り土（生活の中で廃棄物）からは、日常生活の廃棄物だけでなくヒスイや琥珀など儀式で使われたと考えられるものも見つかっている。こうした三内丸山遺跡特有の縄文人の暮らしを続けながら、大型建物や住居を何度も作り変え、1500

年にわたり継続的に同じ場所で暮らしが営まれたことから、縄文時代の人々が、移動しながら生活していたとする従来の考え方とは違う暮らしがあったことや新たな縄文時代の暮らしを考えることができるであろう。

　次に、三内丸山の縄文人が残した食料の痕跡も考えてみよう。特徴のあるものとして、ヒョウタン、マメ、ゴボウ、エゴマ、アカザなどの栽培植物の発見である。さらに、クリの花粉が大量に発見され、集落の周囲がクリ林であったことで、そのクリが栽培されていたと考えられている。これらの栽培植物の出土により、人々が何らかの方法により、自然に手を加え、働きかけていたことが分かる。狩猟・採集の生活と考えられていた縄文時代のイメージの転換を図ることになろう。

● 三内丸山遺跡の遺物から考えらえる交易ルート

　三内丸山遺跡からは、おびただしい数の出土品があるが、海に面した遺跡の特性を踏まえ、他地域から移入された出土品から、三内丸山遺跡の意義を考えたい。

　まず、県内他地域からの移入品としては、県南部馬淵川（岩手県葛巻町を源に三戸町、南部町を流れ、八戸市で太平洋に注ぐ）流域でみられる金雲母の入った土器がある。馬淵川流域の縄文遺跡には、約1000棟住居址が見つかった御所野遺跡（岩手県一戸町）があり、縄文末期の中心的な存在となっている。また、沖中遺跡（三戸町）、韮窪遺跡（八戸市）、野面平遺跡（田子町）などが発掘されており、三内丸山遺跡と同時期に暮らしを営んでいたことがわかっている。御所野遺跡で発掘された珪化木製石矢じりは、この地域で多くみられる石化した珪化木を使った矢じりであり、珪化木は金雲母が木にしみ込んでつくられる。三内丸山遺跡から発掘された金雲母が含まれた土で焼かれた土器は、馬淵川流域で焼かれた土器が、持ち込まれたことがわかる。120 kmも離れた地域から日常的に使用されている土器が移入され、供給されていたことから、三内丸山地域と馬淵川流域地域に頻繁なつながりがあったことがうかがえる。

　現在の青森県域以外から移入された出土品には、黒曜石、ヒスイ、琥珀、北陸系土器片、アスファルトなどがある。黒曜石は、北海道白滝（紋別郡遠軽町）、十勝（十勝郡上士幌町）、赤井川（余市郡赤井川村）、豊泉（虻田郡豊泉町）、

置戸（常呂郡置戸町）で産出された十勝石と、秋田県男鹿、長野県霧ヶ峰産が発掘されている。また、黒曜石の遺物は、原石のまま移入され、三内丸山で加工されたものではなく、矢じり、石槍、石匕などの実用品に加工された完成品として移入されている。これらは、何かとの交換によって手に入れたことが考えられ、三内丸山の人々が交易をしていたと考えられる。出土品から考えると、北海道の十勝石を移入した津軽海峡を挟んだ交易ルート、霧ヶ峰の黒曜石、新潟県糸魚川市・青海町からのヒスイ、秋田県槻木遺跡から採取されているアスファルト、北陸系土器片を移入した三内丸山から日本海ルートにつながる交易ルート、岩手県久慈からの琥珀や金雲母を含んだ土器から考えられる県南、太平洋沿岸とのルートが考えられ、地理的な位置関係を見ると、その中心に三内丸山遺跡があることが確認できる。これらの交易は、どのようなつながりや方法によって可能となったのだろうか。

　第一に、土器の形態が筒形を成す円筒土器文化圏である。この文化圏は、北海道石狩、渡島、檜山地域から津軽海峡を挟んで岩手県宮古市周辺、秋田県船岡台遺跡（由利本荘市）、山形県吹浦遺跡（遊佐町）、石川県真脇遺跡（能登町）と広がる文化圏であり、日本海側に広がりをもつことに特徴がある。琥珀や金雲母につながる交易ルートはこの文化圏の中であり、容易に説明がつく。

　アスファルトを獲得した交易ルートもこの文化圏にある。黒曜石は、男鹿は文化圏に含まれ、赤井川、豊泉はぎりぎり文化圏ともいえるが、ほかの北海道3地域、長野県は、かなりの遠隔地である。しかし、円筒土器文化圏だけが独

黒曜石製品（縄文時遊館）

縄文時代中期の円筒下層式
土器（縄文時遊館）

自に存在していたわけではない。周辺文化圏との交流は当然あったであろうし、各地の遺跡から出土する多様な遺物もそのことを物語っている。これらのことを考えると、円筒土器文化圏の周辺部が、北海道の十勝石産地、長野県霧ヶ峰地域と交渉を持ち、その周辺部が三内丸山へ黒曜石を持ち込んだと考えることができる。特に、円筒土器文化圏が日本海沿岸に広がっていることから考えると、長野県霧ヶ峰とのつながりも理解することができよう。

第二に、海上交易の優位性がある。津軽海峡を挟んだルートは、当然海上であり、舟が使われたであろう。日本海ルートも、陸上より海上ルートが使われたことが予想される。三内丸山遺跡の出土品からは、漁労をしていたことが分かっており、舟と網を使った漁が行われていた。大きな木をくりぬいた丸木舟も出土している。さらに、縄文海進より縄文時代の三内丸山は、海岸線のすぐそばに位置している。こうした条件から考えるならば、舟を使った津軽海峡ルートと日本海ルートをつなぐ位置にある三内丸山遺跡の地理的条件が、交易の接点としての役割を持っていた可能性は否定することはできない。

● 三内丸山遺跡の墓、道

三内丸山遺跡は、1992 年からの発掘によって、前述した建物群だけでなく、土壙墓が、集落の中心部から東に、南北 2 列にわたって 420 m も並んでいることが発見されたことも注目された。さらに、土壙墓を挟む空間は、後年の発掘調査から、整然と 2 列に並んでいること、浅く掘られて踏み固められていることが分かり、道路として人々が歩いたと考えられるようになった。土壙墓の間を、人々が歩くことを意図してつくられた道路であり、土壙墓に対する何らかの儀礼的な意味があったのだろうと想像することができた。また、土壙墓は、道に対して死者の下半身が向くように埋葬されており、頭部は道より遠く、頭が足よりも高い位置におかれていたことがわかる。埋葬された死者が、道を歩く人々と対面するようになっており、儀礼的な意味があったことをより強く感じさせることとなった。

さらに、発掘調査が進むと、東に向かった道だけでなく、西から南に続く道でも約 370 m にわたって墓列が続くことが分かった。この道は、一部を掘削して、ロームによって平らにしたことも確認された。三内丸山集落の中心部にあ

る大型建物のあたりで東から
の道と西南からの道がぶつか
るような構造となっている。
逆に言えば、大型建物から道
が発しているのである。二方
向の道がどこにつながってい
たのかは定かではないが、東
に向かう道は、2〜3kmほど
の海岸線につながっていたこ
とは想像できるし、海岸沿い
に自然にできた人々の通う道

掘立柱建物
この道の延長上に「土壙墓」があった

につながっていたのかもしれない。西南に向かう道は、周辺部の集落につながっ
ていたのだろうか。いずれにしろ、三内丸山を訪れる人々は、意図してつくら
れた二方向からの道を通って、集落の中心部に向かうことになり、そのために
は、死者と対面しながら進むことになっている。そして、埋葬されている土壙
墓の間隔は、中心部に進むほど間隔が狭くなっており、訪問する人々と死者と
の精神的距離が近くなるようにつくられている。墓と道は、中心に近い所から
つくられ始め、徐々に離れたところに広げていったことが分かっているが、墓
と道は、1500年という長期の遺跡形成期の中で、比較的安定していた時期で
あり、定住が続いたと考えられる500年間を中心につくられている。安定した
生活を背景に、精神的な意味を見出すような構造で墓と道をつくった三内丸山
の人々の意図の解明がこれからの研究課題である。

● 三内丸山遺跡はどのような意味を持っているのか

　三内丸山遺跡のもつ特別な意味を、1500年にわたる長期の継続性、特有な
大型建物、他地域との広範囲な交易、墓と道に見る精神性を中心に考えてきた。
ここから推測できるのは、北海道南部から北東北に広がる円筒土器文化圏の交
易の中心地ということになる。製品となった黒曜石、加工されたヒスイ、琥珀、
狩の道具を作るためのアスファルト、土器などが、広範な地域から持ち込まれ、
交換され、各地に持ち帰られる。その日時を特定することは困難なので、一時

的な生活施設としての竪穴住居で生活をし、一堂に会した交易の場としての大型建物を使うなどのことが考えられる。一堂に会した人々は、交換による交易と危険を冒して集った儀式と祝いを行い、その廃棄物が盛り土となったのだろう。これらを行う三内丸山の地理的な位置は、その円筒土器文化圏の中心であり、津軽海峡・日本海ルートのための海にも近い立地にあるという好条件であった。そして、こうした施設を維持するために定住する人々も必要であり、施設を維持する人々の何らかの精神性が、墓と道になり、危険を冒して訪れた人々をむかえ入れたのではないだろうか。

　三内丸山遺跡の調査は、今でも続いている。新たな発見があるかもしれない。縄文時代の常識を覆した三内丸山遺跡の学習は、子ども達の想像を掻き立てるように進めたい。
（中妻雅彦）

【もっと知りたい人のために】

　三内丸山遺跡の縄文時遊館は、出土品が整備、公開されている。車で15分ほどで、小牧野遺跡がある。縄文時代後期前半に作られた環状列石を中心とする遺跡で、小牧野の森・どんぐりの家がある。遺跡の概要を知り、縄文の生活を学ぶことができる。5月1日から11月15日まで開館している。

環状列石（小牧野遺跡）

縄文時遊館	青森市三内字丸山305	TEL：017-781-6078
小牧野の森・どんぐりの家	青森市大字野沢字小牧野41	TEL：017-757-8665
縄文の学び舎・小牧野館	青森市大字野沢字沢部108-3	TEL：017-757-8665

＜参考文献＞
岡田康博『三内丸山遺跡―復元された縄文大集落―』同成社、2014年
松本直子『縄文のムラと社会』岩波書店、2005年
国立歴史民俗博物館『縄文文化の扉を開く―三内丸山遺跡から縄文列島へ―』国立歴史民俗博物館、2001年
アサヒグラフ別冊『三内丸山遺跡と北の縄文世界』朝日新聞社、1997年
川口潤「姿を現わした縄文時代の大規模集落―三内丸山遺跡―」瀧本壽史監修『青森・東津軽の歴史』郷土出版社、2007年

2．弥生稲作文化の北限地 —垂柳、砂沢遺跡—

☞ **教科書では**

　中学校教科書では、弥生時代は、稲作伝来、弥生の暮らし（稲作集落と弥生土器などの文化）、「くに」の成立と邪馬台国の記述で1時間の構成になっている。事例地として、小学校では、板付遺跡（福岡県）、登呂遺跡（静岡県）などが取り上げられているが、中学校では、邪馬台国の記述が多くなり、弥生稲作遺跡が取り上げられることは少ない。

　学校教育の弥生時代は、板付、登呂というメジャーな遺跡のイメージのままだが、地域から歴史を見直す、考え直すために、弥生時代北限の稲作遺跡である津軽の垂柳、砂沢遺跡に触れておくことの意義は大きいであろう。

● 田んぼアートはなぜ？

　田舎館村田んぼアートオフィシャルサイトには、次のように記されている。

　「田んぼをキャンパスに見立て、色の異なる稲を絵の具代わりに巨大な絵を描く「田んぼアート」、田舎館村では平成5年に3色の稲でスタートし、年々技術が向上し今では7色の稲を

田舎館村田んぼアート 2017
（田舎館村・田舎館村むらおこし推進協議会提供）

使いこなし繊細で緻密なアートを作り上げています」

　ここには、垂柳遺跡に関する記述はないが、田んぼアートを実施している田の周辺が垂柳遺跡の発掘が行われた地域であり、田舎館村田んぼアートは、北東北の重要な弥生時代の稲作遺跡である垂柳遺跡に起因していることが想像できるであろう。

● 弥生稲作文化の北限は？

　垂柳遺跡の発掘調査によって 200 粒以上の焼米が発見された 1958 年以前は、弥生稲作文化の北限は、現在の岩手県奥州市（旧水沢市）常盤広町遺跡から発掘された籾跡のついた土器などからこの地だといわれてきた。一方、田舎館村からは、弥生文化の特徴ともいえる蓋のついた土器が出土していたことが 1950 年ごろから知られていたが、稲作の痕跡が見つからなかったことから、弥生式土器と認められず、弥生文化の影響を受けたことは認めつつも「続縄文式土器」、「田舎館式土器」などとも呼ばれていた。それが、1958 年に発掘された焼米によって、田舎館村垂柳遺跡に、弥生時代の稲作文化を特徴づけるコメが存在したことは証明されたことになったが、稲作をした田が見つかっていないことから、まだ稲作文化と断定するには懐疑的な意見もあった。

水田発見の場所
国道 102 号線高架橋の下で、弥生時代の田が発見された。遠くに岩木山を望む橋のたもとには、弥生土器のオブジェがある。

　1981 年秋、垂柳遺跡の近くを国道 102 号線のバイパスが通ることになり、工事が始まる前に青森県教育委員会が試掘調査を行った結果、火山灰におおわれた水田跡が発見された。これにより、焼米、「田舎館式土器」と言われた弥生式土器、そして、水田跡がそろい、日本列島における「弥生時代の稲作文化の北限」が新たに更新されることとなった。その後の調査の結果、垂柳遺跡は、2100 年前の弥生中期の遺跡で、水田跡が 656 枚も発見された。水田 1 枚の広さは、1 辺が 2 〜 3 ｍの小さな水田であった。

　さらに 1987 年には、弘前市の北のはずれ、岩木山の東麓にある「砂沢ため池」と呼ばれる江戸時代に造られた水田灌漑用のため池の中から、垂柳遺跡より古い弥生前期（約 2300 年前）の水田跡 6 枚が見つかった。垂柳遺跡よりも北に位置する北緯 40 度 43 分にあり、弥生稲作文化の水田跡としては、北日本

では最も古い、世界の古代史で考えても最も北に位置する水田跡だった。しかし、ため池の中にあるため、直接見ることはなかなか難しく、水田跡の時期が特定できるのは2枚だが、1枚の面積が70～80㎡と垂柳遺跡より大型となっている。これにより、「弥生時代の稲作文化の北限」は、砂沢遺跡となった。

● 北限の稲作集団

垂柳遺跡は、津軽平野の沖積低地にあり、平坦な地形で広い耕作面積が確保できる条件があり、鍬などの木製農具も使用されている。また、平面な地形の水田に用水を供給する水路の跡も発見されており、かなり規模の大きい稲作集団があったことが想像できる。

砂沢ため池
後方の林付近で、砂沢遺跡が確認されている

これだけの規模の水田を有する人々の集団生活が行われたことから、西日本から広がった弥生稲作文化が北東北にも広がって来たことが確認できる。

砂沢遺跡は、緩い傾斜地に段々に水田が築かれているが、垂柳遺跡は、平坦地であるので、見つかっている水路跡からも、近くにあったであろう旧河道から水を引く灌漑が行われていたことがわかる。そのためには、河川から水路を築くための掘削、川から水を引くための堰の建設、そして水田の整備と計画的で集約的な労働力の確保と計画への一定の指導的な役割をもった人々が必要だったと考えられる。砂沢遺跡が、弥生前期の小規模な水田遺跡であるのに対して、垂柳遺跡は、灌漑を行うまでに拡大した大規模性があり、弥生中期の大きな農耕集団、農耕集落の特徴をもっている。さらに、垂柳遺跡から出土したつぼ型土器は、南東北からもたらされたものであり、水路から発見された木製鍬の未完成品も同様に南東北からもたらされたものだと特定されている。仙台平野などの南東北地方の先進的な弥生稲作技術が津軽にも影響を与えたことが推測できる。これにより、南東北の水田稲作先進地から影響を受けたことは確実であろう。

　一方、稲作の年代を見ると、垂柳遺跡が約2100年前なのに対して、南東北の常盤広町遺跡は、約1700年前の弥生時代中後期の遺跡である。垂柳遺跡の方が、年代的には古い稲作遺跡である。稲作文化はどのように伝播してきたのだろうか。

　一つの有力な伝播のルートとして日本海ルートが考えられる。縄文時代から文化圏を形成していることもあり、稲作文化が津軽に到達した有力なルートといえる。また、クマの飾りのついた木製の鉢が発見されていることから、津軽海峡を挟んだ北海道とのつながりも確認できる。海を通した

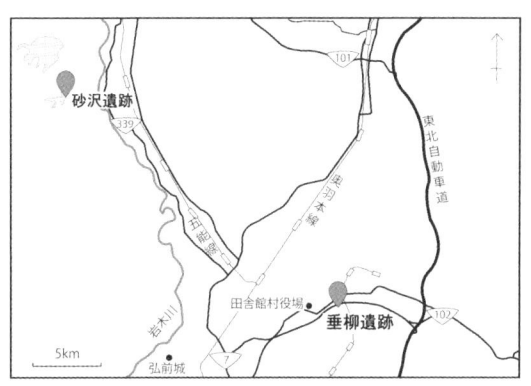

垂柳・砂沢遺跡の位置
（国土地理院基盤地図情報を基に作成）

交流や文化の伝播から考え、津軽への稲作文化は、日本海ルートによって伝わってきたと考えることができよう。日本海ルートによる稲作伝播と南東北の先進的弥生稲作文化が垂柳で融合して、垂柳に弥生時代の稲作文化が出現したといえよう。

● **垂柳遺跡の人々**

　垂柳遺跡から発見されたものの中で、大変面白いものに、水田に残ったたくさんの足跡がある。水田は、1辺2〜3ｍ四方で、最小の水田は、1.11㎡で、最大でも22.43㎡、多くは、8㎡程度の小さな水田である。これは、木製鍬で造成し、耕すには適当な広さだったのだろうと思われる。まだまだ、生産力としては小さな水田だったであろう。この水田の中から、大小さまざまで、6〜10人ぐらいの人数の足跡が見つかっている。全体では、数千の足跡が見つかっている。ここからは想像の世界である。

　季節を秋と想定しよう。垂柳遺跡の人々の家族が、子どもを含めて一家総出

で、稲刈りをしていた。その家族の一人一人の足跡が残った。稲刈りは、お父さんとお母さんが、石包丁でていねいに穂先を刈り取り、子どもたちは、一粒も落とさないように大切に穂先を運んだ。何しろコメは貴重だ。蓄えることもできる。熱を加えれば、格別の味になる。しかし、この貴重なコメだけでは、1年間、食べ続けることはなかなかできない。秋の稲刈りの時期には、蓄えたコメも底をついてなくなっており、秋に木の実や山菜、狩りで得た干し肉を食べることになる。この食事も、稲刈りを一緒にした後、あぜに座って取るのは楽しみの一つだ、家族みんなが一緒だし、今日は、遠くのお山もきれいに見える。貴重なコメの収穫の喜びは、家族みんなが満足できる笑顔の一日となった。そんな家族の姿が足跡を通して見えてくる。

また、足跡からは、前のめりのように重心が前にかかった姿勢で歩いている姿も分かる。田が水を含んでいてぬかるんでいる中で、前かがみの姿勢で歩いていたのだろうか。あるいは、もともとそのように歩く習性だったのだろうか。想像はつきない。

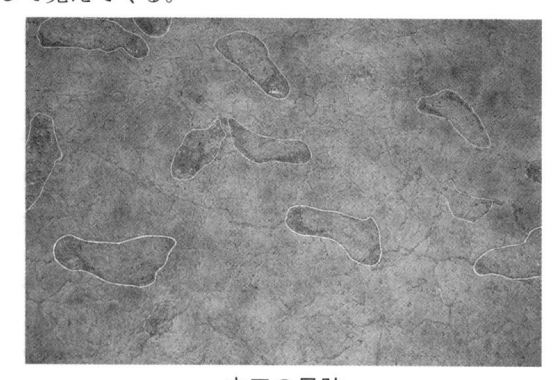

水田の足跡
（田舎館村埋蔵文化財センター、田舎館村教育委員会提供）

さらに、一人の垂柳の人が、田を行ったり来たりしている足跡も発掘されている。足先の向きを調べてみると、一人の弥生人の歩行経路までわかる足跡である。この人は、田をめぐりながら、何を考えていたのだろうか。今年の稲の出来栄えだろうか。来年の作付けの方法や時期を考えていたのだろうか。家族のことを思っていたのだろうか。この足跡は、2000年以上も前の人の様子をいろいろとうかがえる人間味のある足跡となっている。

ではなぜ、足跡がたくさん出てくるのだろう。垂柳遺跡は、洪水によって埋もれたことがわかっている。現在は、浅瀬石川とよばれる大きな川が流れているが、こうした河川とその支流が、水田耕作を可能にもしたし、洪水の元凶ともなった。そして、その洪水が足跡を残すこととなった。垂柳遺跡のある田舎

館村は、東に八甲田山を望む平地になっている。八甲田山は、その盛んな火山活動によって、山麓一帯に、たくさんの火山灰や岩石を降りそそいだ。堆積した火山灰や岩石は大変な量となっていただろう。それが、大雨や台風によって川を一気に下り、洪水となって垂柳遺跡をおおいつくしたと考えられている。遺跡付近の地層からは、白い火山灰の層が何層かにわたって残されており、垂柳遺跡が何度も洪水に襲われたことがわかる。その時、流されてきた軽く柔らかい火山灰が、まず足跡を埋め、その上に次々と新たな火山灰が積み重なったので、水田と一緒に足跡も残されることになった。発掘調査では、洪水になって残る白い地層を削り取ると、水田のあぜが黒く格子模様となって発見される。さらに、黒いあぜを残して削り進めると水田の形があらわれ、足跡が見つかった。垂柳遺跡の人々にとっては、洪水は、生活を破壊する恐ろしいものだっただろうが、私たちには、垂柳の人々の生活を考える貴重な痕跡を残してくれている。

　最後の洪水の後、垂柳では稲作はなされなくなった。理由はわからないが、人々が住めなくなった程の大洪水だったのかもしれない。そのため、弥生時代の稲作文化の痕跡は、長い間、隠されることとなった。

復元された垂柳遺跡の水田
後方の道が 102 号線。弥生水田を模し、市民水田として貸し出され、古代米が栽培されている。

●「田舎館」とは？

　もう一度、田んぼアートを考えてみよう。現代の稲のほとんどは、熟すと黄色くなり、籾を摺り、精米すると白い米が出てくる。だから白米と言われている。田んぼアートは、茶、黒、赤などの稲穂によって作品がつくられている。これらの赤米、黒米などは古代米と言われていて、遺跡近くでもおにぎりが販売されている。垂柳遺跡の稲作体験でも、当時と同じように区切った田で、赤米、黒米などの古代米が栽培されている。これらの古代米は、観光や地域おこ

しとして栽培されているが、弥生時代の稲作では、このような色のついた稲を栽培していたと考えられている。現代のような白米ではない米の生産がほとんどであり、弥生時代の人々は、白米を食べたことはなかったのではないだろうか。現在、田舎館村一帯は、稲作地帯であり、リンゴ栽培も盛んである。単位面積当たりの米の収量は、県内でトップクラスとなっている。弥生時代の垂柳遺跡で稲作が盛んに行われていたこととのつながりが感じられる。

　最後に、垂柳遺跡とは離れるが、所在地の田舎館という地名は、どうしてついたのだろうか。実は、鎌倉時代からの由緒ある地名である。鎌倉時代に、幕府の支配が津軽まで及んできた。そして、ここは田舎郡として、平賀郡などと共に地頭が置かれていた。鎌倉幕府支配の北の要として地頭職が置かれたのである。そして、田舎という地名の由来には、次のような3つの説がある。
①蝦夷が住む土地という蝦中（えなか）が転化した。
②大和言葉の「稲家」が転化した。
③平安時代に「田舎の郡」と言われ、鎌倉時代になって田舎館となった。
　どれにもそれぞれの意味があるが、これが正しいとする説は確定していない。垂柳遺跡の稲作文化を考えると、②の「稲家」は捨てがたいように思う。
　稲作にまつわる話題につきない田舎館村垂柳遺跡である。

（中妻雅彦）

（表1）　垂柳遺跡発掘の歴史

1897 年	「日本石器時代人民遺物発見地名表」（東京帝国大学）に記載
1934 年	県道工事の際、大量の土器発見
1939 年	山内清男　田舎館出土の土器を「続縄文式土器」とする
1950 年	伊東信雄　田舎館出土の土器を「弥生式土器」とする
1956 年	田舎館村で耕地整理実施。モミ跡のある土器発見
1957 年	江坂輝弥　「続縄文式土器」とする
1958 年	伊東信雄　田舎館垂柳を発掘調査。200 粒以上の炭化米発見
1959 年	山内清男　田舎館村出土の土器を弥生式土器とは認めず
	杉原荘介　弥生式土器とする
1981 年	青森県教育委員会　国道 102 号建設に伴う発掘調査。弥生式水田跡発見
1982 年	発見された水田跡 656 枚に
1983 年	発見された水田跡は、弥生時代中期とする
2000 年	史跡垂柳遺跡と告示

（田舎館村埋蔵文化財センターHP「垂柳遺跡小史」をもとに作成）

【もっと知りたい人のために】

　垂柳遺跡は、田舎館村埋蔵文化財センターに出土品があり、詳しく解説されている。また、水田跡の遺構が残されており、当時の土の上を歩けるように復元展示されている。弥生時代の水田跡を間近に見られる展示は大変貴重であり、興味をかきたてられる。センターの展示は、体験重視で、本物の弥生式土器、田舎館式土器を触ることもできる。

田舎館村埋蔵文化財センター
（田舎館村教育委員会提供）

　隣接して「道の駅」があり、田んぼアートを見るためのタワーや遊具も整備されていて、様々に楽しめる施設である。

　西に岩木山、東に八甲田山が眺望でき、稲作文化の北限を体感するには、絶好の立地となっている。

田舎館村埋蔵文化財センター・田舎館村博物館
　　　南津軽郡田舎館村大字高樋字大曲 63　　TEL：0172-43-8555

＜参考文献＞
森岡秀人・中園聡・設楽博己『稲作伝来』岩波書店、2005 年
岩井弘介「弥生時代最北の水田跡：砂沢遺跡」長谷川成一監修『弘前・黒石・中南津軽の歴史』郷土出版社、2006 年
福田友之「北限の弥生稲作文化：垂柳遺跡・高樋(3)遺跡」長谷川成一監修『弘前・黒石・中南津軽の歴史』郷土出版社、2006 年
田舎館村田んぼアートオフィシャルサイト
　　　(2019.1.1 確認)

3．防御性集落の時代 —高屋敷館遺跡と蝦夷の社会—

☞ 教科書では

　8世紀末〜9世紀にかけて、律令国家は、その支配に従わない東北地方の蝦夷に対してたびたび大軍を送り勢力を広げたが、その後も蝦夷は律令国家の支配に強く抵抗し続けた。11世紀になると、東北地方の大きな戦乱（前九年合戦・後三年合戦）をしずめた源氏が東日本に勢力を広げ武士の時代となっていった。教科書では、あまり詳しく記述されることのない、東北北部の実像とは、いったいどのようなものであったのであろうか。

● 国史跡に指定された高屋敷館遺跡とは？

　弘前市から青森市に向かって国道7号線を車でおよそ35分。進行方向右手に高屋敷館遺跡が現れる。1994〜95年に国道7号線浪岡バイパス建設に先立ち発掘調査が行われた。その後、北日本に存在する防御性集落遺跡として、初めて国史跡に指定され保存されたのである。

　遺跡がある旧浪岡町高屋敷は浪岡から大釈迦までの細長い平野の西側、南北に連なる台地上の東端にあり、その下を大釈迦川が流れ6〜7mの崖となっている。この台地上には北から野尻(4)遺跡、野尻(2)遺跡、野尻(3)遺跡、高屋敷館遺跡、山元(2)遺跡、山元(3)遺跡と9〜11世紀の集落遺跡が並んでいる。平安時代前期から人々が集落を形成した場所である。そのような場所に、これまでとは明らかに異なる集落が10世紀半ばに誕生し、12世紀初めまで存続したのだ。

　高屋敷館遺跡は「防御性集落」と呼ばれるものとしては標準的な規模のもので、防御性集落の特徴である空堀や土塁などの残り具合が非常に良く、防御性集落のイメージをつかむ上では最

高屋敷館遺跡の空堀と外土塁

適な遺跡である。

　集落の大きさは、空堀で囲まれた内側が東西 57 m、南北 80 m、総面積が約 3400 ㎡である。土塁は空堀を掘ったときの土を堀の外側に盛り上げて造ったもので、幅約 3 m、高さ約 1.5 m である。この「内環濠・外土塁」という堀の外側に土塁を造る方法は、明らかに中世城館の土塁とは異なる造りであり、弥生時代の環濠集落と共通している。空堀で囲まれた内部には竪穴住居跡が多く見つかっている。発掘されていない場所も含めた想定住居遺構数は約 160 軒。遺跡の存続期間から、同時に存在した住居は約 20 軒であり、人口は 100 人ほどと推測される。竪穴住居の大きさは 4〜5 m四方のものが多く、造りつけのカマドを備えている。竪穴住居の中には約 9 m四方の大型のものが 6 軒あり、集落の首長の住居と考えられる。集落からは鉄製農耕具や木製の「こも槌」が出土し農耕を営む「ムラ」であったことや、フイゴの羽口や鍛冶遺構の発見から集落内部で鉄の加工が行われていたことがうかがえる。住居遺構は空堀で囲まれた狭い場所に集中して存在し、空堀の外側に同時代の住居は存在しない。高屋敷館遺跡が登場する以前の集落遺跡では、住居跡が比較的広い範囲に散らばって存在していた。しかし、高屋敷館遺跡の時代になると、突如として集落の周りに堅固な空堀をめぐらして防御施設を造り、その内側に人々が集住するようになる。こうした時代が約 150 年間も続くのである。

● なぜ防御性集落が登場したのか？

　防御性集落とは、集落の周りを防御のための空堀で囲み、防御に便利な高い丘陵や山の上に集落を営んだもので、弥生時代の「環濠集落」「高地性集落」と形態的には同じものである。このような集落は、農耕社会が誕生し、「富」が形成され「権力」が生まれる過程で登場している。背景には、地域の主導権をめぐる集落間の争いや集落の統合による大規模な政治的集団の形成があり、この過程で「戦争」がおこり、防御施設を備えた集落や都市の形成を促したのである。このようなことは古代中国やメソポタミアの都市国家など古代文明を形成した世界で普遍的にみられる。日本の弥生時代も同様で、最も古い防御性集落は福岡市の板付遺跡である。この遺跡は環濠をめぐらした集落（ムラ）の跡で、朝鮮半島から北九州に移住して稲作農耕生活を始めた渡来人によるもの

と考えられている。弥生時代の集落は、登呂遺跡などの一部を除いて環濠集落が基本的な形態である。

弥生中期には吉野ヶ里遺跡に代表される巨大環濠集落が登場し、瀬戸内地方を中心に高地性集落と呼ばれる集落遺跡も登場してくる。吉野ヶ里遺跡は、外側に南北 1 km、東西 600 m の環濠をめぐらした集落のほかに、その内側にもう一つ「内環濠」をめぐらし、いわゆる「内郭」をもつ構造が特徴である。そして、この内郭こそ吉野ヶ里の王の住む宮殿と考えられている。その人口は 1500 〜 3000 人以上と推定され、「都市国家」というべきものである。

こうした環濠集落・高地性集落は、日本列島の全域に登場したわけではない。その範囲は、東は関東地方の利根川以西、西は九州中部に限定されている。これは、弥生文化が本格的に発展し「クニ」の形成に至った範囲である。弥生文化は及んだが、大和政権の支配下に入らずに独自の歴史を歩んだ東の蝦夷と西の熊襲の地域、また弥生文化圏外であった琉球・奄美諸島には、弥生時代の環濠集落・高地性集落は登場しなかった。

ところが、それから約 1000 年後の 10 世紀半ばに、東北北部と道南地域に、突如として弥生時代の環濠集落・高地性集落とほぼ同形態の集落が登場した。10 世紀半ば以降の東北北部の集落は、小規模なものを除きほぼすべてが防御性集落の形態をとるのである。さらに、弥生時代の環濠集落として一般集落（ムラ）と、一般集落を束ねた「都市国家」（クニの王の都）ともいうべき巨大環濠集落、戦争に備えて造られた要塞といえるような高地性集落の三つの集落が存在していたのと同じく、東北北部の防御性集落も、一般集落と巨大防御性集落、高い山の上に存在し堅固な要塞といえる高地性集落から成り立っていたのである。これは、10 世紀半ば〜 11 世紀の東北北部から道南の蝦夷社会が、弥生時代の西日本と同様の社会発展の時代を迎えていたためと考えられている。すなわち、それは有力村落と有力首長の誕生であり、ムラの統合によるクニ形成の段階であるといえる。そして、さらなる政治的統合による強大な権力（王権）の形成へと進む段階を迎えていたことを物語っている。

同時期、南の琉球・奄美諸島でも、ムラを防御施設で囲む集落が登場し、12 世紀に入って城塞「グスク」へと発展している。その後「グスク」の抗争の時代、14 世紀の三山（北山・中山・南山）の諸王国の時代をへて、1429 年に琉

球王国が誕生したという歴史をたどっている。

10世紀以降、日本列島の北でも南の世界と同じような動きが始まっていたが、最終的に東北北部から道南の蝦夷社会では国家形成には至らなかった。しかし、この時期の日本列島がもっていた歴史の可能性を示すものとして防御性集落の時代は注目される。

● 東北北部にはどのぐらい防御性集落があるのか？

北緯40度（盛岡市から北の安比スキー場付近と秋田市から北の八郎潟を結ぶライン）。このラインは、縄文時代には北東北・北海道南部の円筒土器文化圏と南東北の大木式土器文化圏の境界にあたる。また9世紀以降12世紀までは、南の「日本国」（古代国家の郡郷制がしかれた地域）と北の「蝦夷の地」の境界でもある。この北緯40度以北の東北北部と道南の各地に防御性集落が登場し、11世紀後半〜末まで、津軽地方では12世紀初めまで存続したのである。これまでに発見されている数は約100。これ以外にも防御性集落の可能性がある遺跡が数多く存在し、総数はこの3〜4倍になると推測される。防御性集落は、北緯

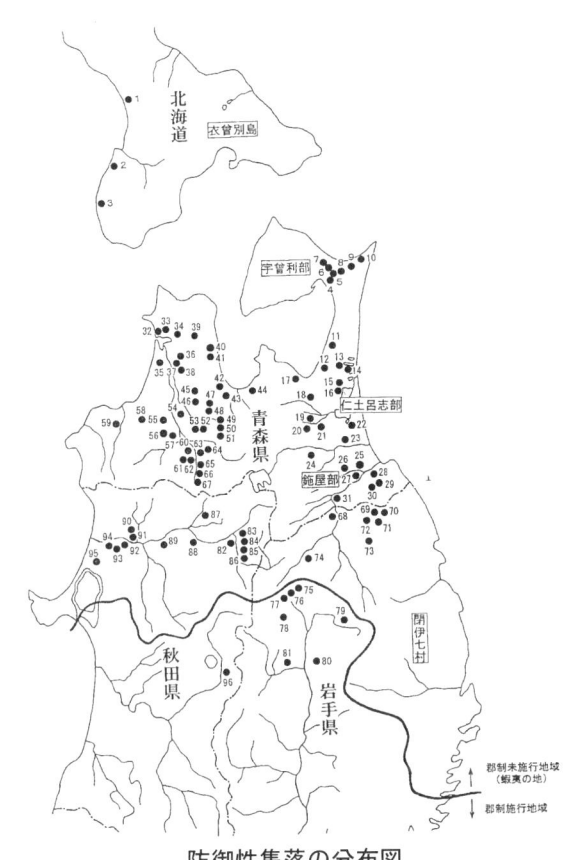

防御性集落の分布図
（斉藤利男氏作成の図に加筆・修正）

40 度以北の「蝦夷の地」を中心に道南にも存在する。また、郡郷制がしかれたが「俘囚の地」と呼ばれた安倍・清原氏の支配下にあった岩手郡・仙北郡の最北部の山間部には高地性集落が存在している。

　古代末期の東北北部に防御性集落があることが明らかになったのは、1980年代以降に行われた建設工事などがきっかけである。それ以前までは中世の城館跡として認定され、城主・館主の名が伝わらない「蝦夷館」という名称で呼ばれていたのである。これらが中世の城館ではなく、古代の防御性集落であると判明したのは、丘陵地帯の端部を貫いて行われた道路工事で多くの遺跡が緊急発掘の対象となったからである。

　東北自動車道の工事で発見された遺跡に、秋田県鹿角市の北ノ林Ⅰ遺跡・妻の神Ⅰ遺跡、旧碇ヶ関村の古館遺跡、大鰐町の砂沢平遺跡、旧浪岡町の源常平遺跡などがある。また広域農道やバイパス工事で発見された遺跡に、鹿角市の太田谷地遺跡、弘前市の中別所館遺跡、旧浪岡町の高屋敷館遺跡、野辺地町の二十平遺跡、八戸市の林ノ前遺跡・風張 (1) 遺跡などがある。東奥義塾高等学校建設工事で発見された弘前市の石川長者森遺跡や弘前市福村の市街地造成工事で発見された早稲田遺跡。種里城の発掘調査で城の下層に古代末期の防御性集落の存在が判明した鰺ヶ沢町の種里城跡。十三湊安藤氏の山城跡と考えられていたが、調査により古代末期の防御性集落と判明した旧市浦村の唐川城跡。近世のアイヌのチャシと思われていたものが、発掘により古代の防御性集落と判明した北海道上ノ国町のワシリチャシ遺跡、乙部町の小茂内遺跡といった例もある。この他、地表面調査で防御性集落遺跡と判断されるものもある。

　これらの古代末期の防御性集落が中世城館と明らかに異なるのは、幅 3 ～ 7 mほどの空堀で囲まれ、堀を掘ったときに出る土を堀の外側に積んで土塁状にする「外土塁」の形態をとり、環濠の内側に埋まりきっていない住居跡が窪地となって残っているという点である。これらの点をふまえて地表面を観察することによって、防御性集落を発見することができる。

● 巨大防御性集落の発見

　2000 ～ 2003 年、高屋敷館遺跡よりはるかに大きな巨大防御性集落遺跡「林ノ前遺跡」が発掘された。この遺跡は八戸駅から北に約 1.5 kmの丘陵上にある。

集落の全体像は明らかでないが、東西 350 m 以上、南北約 120 m あり、総面積は約 10 万㎡以上と推測される。高屋敷館遺跡の約 30 倍の大きさである。丘陵の頂部には空堀で区画された巨大な「内郭」（首長の居住区）がある。その外側には斜面を段上に加工して竪穴住居を造っている。住居

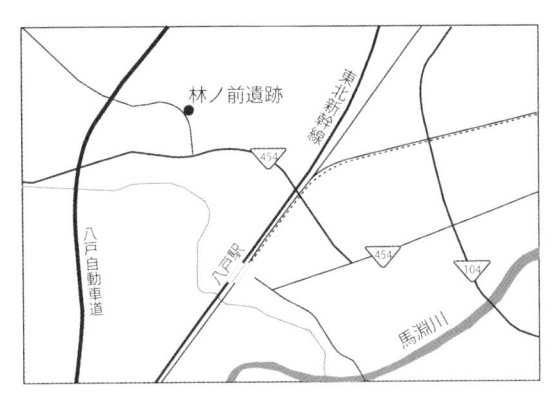

林ノ前遺跡位置図

総数は 500 〜 600 軒、同時存在の住居は 70 〜 80 軒でその人口は 350 〜 400 人ほどと推測されている。

　注目されるのは、内郭の周辺から、この時代の東北北部では安倍氏や清原氏の城柵遺跡でしか発見されていないロクロ製土師器小皿や銀メッキが施された刀装具などが出土していることである。このことから、集落の主が安倍・清原氏と密接な関係にあったことがわかる。また、大量の馬の骨や鉄製馬具などの出土は、ここが大規模な馬産集団の集落であり、この地域に君臨して馬の生産を担った有力首長の本拠地であったことを示している。さらに、頭蓋骨だけの人骨 7 体を含む殺害されたことが明白な人骨 10 体の出土や大量の鉄鏃（190 本以上）が集落全体に散在した状態で出土していることは、林ノ前の集落が最終的に大規模な戦争に巻き込まれて陥落し、そのまま放棄された「戦争遺跡」であることを物語っている。

　八戸・三戸地域以外で林ノ前遺跡と同じような巨大防御性集落（拠点集落）を探すと、南津軽の弘前市中別所館遺跡と外ヶ浜の蓬田大館遺跡がある。岩木山の東麓にある中別所館遺跡は、東西約 800 m、南北 200 〜 300 m、総面積 20 〜 30 万㎡であり林ノ前遺跡の 2 〜 3 倍ほどの大きさである。また、蓬田大館遺跡は、標高 15 〜 17 m、周囲の水田との比高差が約 5 m の所に存在する。空堀（一部は二重堀）で囲まれ、長径約 400 m、短径 100 〜 150 m である。その南西の端には空堀で囲まれた 70 × 80 m 規模の内郭が存在している。いずれも

拠点集落と考えられ、八戸・三戸、南津軽、外ヶ浜では、これら三つに匹敵する巨大集落遺跡の存在が確認されていない。

　これらの遺跡から、この時代の東北北部の蝦夷の社会では、蝦夷の有力首長が拠点集落の中に一般集落と同程度の大きさの「内郭」（首長居住区）を造ることができるような権力者として成長しつつあることや首長層たちの生活文化が安倍・清原氏と共通するものであることがうかがえる。さらに、弥生時代の「クニ」の都であった大規模集落と一般集落の区分にあたるような、有力首長の本拠地とみられる「拠点集落」と「一般集落」の防御性集落が存在し、拠点集落の首長を中心として一定地域の集落が統合され、地域的な連合が形成されていたという状況が浮かび上がってくる。

　一方、地域的な連合が接するような境界地域で交通の要衝となる場所に、要害性の高い集落が見つかっていることも注目される。その代表的なものが、外ヶ浜と北津軽との境界に位置する旧蟹田町の山本遺跡である。この遺跡は陸奥湾岸の蟹田から蟹田川をさかのぼった中山峠の手前にある。盆地の南にある台地の縁辺部を利用して造られ、東西60ｍ、南北70ｍという中規模の集落である。しかし、その集落遺跡は南側が高さ50ｍの急な崖の上にあり、残りの三方が空堀（しかも三重）で囲まれている点に特徴があり、その堅固な造りは軍事要塞とでもいえるような「要塞集落」である。

　南津軽と秋田県の比内地方との境にあたる平川河谷の大鰐・碇ヶ関地区には、「山城型の防御性集落」というべき古館遺跡・砂沢平遺跡・永野遺跡がある。先に紹介した堅固な空堀で囲まれた高屋敷館遺跡は、南津軽と外ヶ浜の境界に位置する遺跡である。これらの境界地域にある防御性集落は、戦国城郭の「境目の城」のような境界地域の要塞集落と考えられる。

● 防御性集落から見える東北北部

　こうした防御性集落のあり方と分布から考えられる10〜11世紀の東北北部の蝦夷社会は、南津軽、北津軽、外ヶ浜、八戸・三戸、上北、下北、鹿角・比内、能代という8つの有力首長に率いられた地域的な連合が形成されていたということである。また、八戸・三戸には林ノ前、南津軽では中別所館、外ヶ浜では蓬田大館を中心とする地域的連合が形成され、隣接の勢力との境界地域で

は軍事的な緊張状況が生じていたということである。

　前九年合戦（11世紀中ごろ）の経過を記した『陸奥話記』には、奥六郡（現在の北上盆地に置かれた胆沢・江刺・和賀・稗貫・志波・岩手の六郡）より北の糠部地方に「鉏屋」・「仁土呂志」・「宇曾利」と呼ばれる部族集団がいたことが記されている。これらは、林ノ前のような巨大防御性集落を中心に形成された各地のムラ連合を指していると考えられている。鉏屋部の首長と考えられている安倍富忠という人物が、安倍氏と共通する和人の名をもっていることや安倍頼時が一族として扱っていたことをふまえると、「奥六郡の主」安倍氏の勢力が奥六郡以北の蝦夷の地にまで広がっていたと推察できる。また、安倍氏が蝦夷の人々をも一族関係の中に取り込みその勢力を形成していたこともうかがえる。さらに、これまで「奥六郡の主」安倍氏と源頼義との戦いとされ、戦いの舞台も北上盆地のみで考えられていた前九年合戦が東北北部の蝦夷の地も巻き込んだ合戦であったことも考えられる。蝦夷の歴史は東北北部だけで完結せず、「奥六郡の主」安倍氏との密接な関係の中で展開していたのである。

（小林雅人）

【もっと知りたい人のために】

　高屋敷館遺跡は、国道７号線バイパスに隣接し、簡単にアクセスできる。実際に歩きながら空堀や外土塁の様子を実感することができるので、防御性集落のイメージをつかむには最適な遺跡である。出土遺物等を見ることができる常設展示施設はないが、青森市新城の青森県埋蔵文化財調査センターに保管されている。残念ながら高屋敷館遺跡以外で発掘調査が行われた防御性集落遺跡は見学が不可能である。しかし、発掘されていない防御性集落遺跡は、空堀・外土塁・竪穴住居跡の窪地に着目して地表面観察することが可能である。防御性集落と中世城館の堀・土塁の造りの違いに着目して地表面観察を行うことをお勧めする。

＜参考文献＞

入間田宣夫・小林真人・斉藤利男編『北の内海世界』山川出版社、1999年

斉藤利男「北の古代防御性集落とその時代―「山城型の防御性集落」に関する一試論―」弘前大学國史研究会『弘前大学國史研究』第102号、1997年

佐原真『佐原真の仕事4　戦争の考古学』岩波書店、2005年

鈴木靖民編『古代の王権1　古代蝦夷の世界と交流』名著出版、1996年

三浦圭介・小口雅史・斉藤利男編『北の防御性集落と激動の時代』同成社、2006年

4．板碑から見る鎌倉時代の津軽

☞ **教科書では**

　源頼朝は平氏を滅亡させると、1185 年に国ごとに守護を、荘園や公領ごとに地頭をおき、鎌倉幕府を開いて武家政権を成立させた。さらに奥州の平泉を中心に独自の文化を築いて栄えていた奥州藤原氏も攻め滅ぼし、全国を軍事的に支配した。また、頼朝は 1192 年に征夷大将軍に任命されると、配下の武士と主従関係を結び、御恩として武士に以前からの領地を保護したり、新しい領地を与えたりした。その武士は御家人として将軍に忠誠を誓い、軍役の義務を果たすなどの奉公に努めた。幕府は、御家人たちに全国各地の所領を与え、地頭に任命した。このような動きは、津軽地方も例外ではなく、鎌倉御家人が地頭として入部するようになってきた。

● 津軽に板碑を持ち込んだのは誰か？

　岩木山東麓に位置する弘前市中別所には、板碑と呼ばれる中世の石造物が分布している。中別所という地名は、「別所」という言葉に由来し、これは本寺をはなれた僧や聖が居住して宗教生活を行う施設などを含む一定の土地をさす。ここには、公家塚地区に 14 基、石仏地区に 35 基の計 49 基の板碑が集中して存在している。これらの板碑は、周辺から運ばれたものもあるが、中には 2 mを超える巨大なものもあり、この地が地

中別所石仏板碑群 18 号碑

名の由来通り、宗教的に特別な地であったことをあらわしている。この板碑こそが、鎌倉時代の津軽地方の様子を伝える貴重な歴史的資料である。

　板碑は板石塔姿・青石塔婆とも呼ばれ、全国各地に分布をみる中世の石造の供養塔である。頂部を山形に加工し上部に 2 本の線を刻む薄い板状の石塔が本来の形と考えられている。また、緑泥片岩（青石）を素材としているものが多

いが、地域によって、その様相は異なる。津軽地方の板碑は、緑泥片岩を素材としたものはなく、自然石が多く、厚みがあることが特徴である。板碑は亡くなった人の供養や生前に自らの来世の幸福を祈る逆修など、さまざまな宗教行事のために造立された。そこには、主尊をはじめ造立の趣旨や造立者の名、造立年月日などが刻まれている例もある。板碑は、風景のよい聖地・霊場に建てられることから、遠くに霊峰岩木山を望むことができる中別所の地に集中して置かれたことも理解できる。青森県内の板碑の造立期間は、岩木山東麓鬼沢二千刈の1267（文永4）年の板碑を最初とし、1405（応永12）年をもって終わりを告げる。現在、確認できる板碑の総数は約290基である。

　県内の板碑は、形状や石質も他地域と様相が異なるが、その分布には極端な地域的偏りがあることが特徴である。具体的には、①岩木山東麓を中心とした地域（中別所・国吉・三世寺など）、②平川流域の藤崎・岩舘・乳井・大鰐・三ツ目内などの地区、③津軽西海岸の十三湊・鰺ヶ沢・深浦町関・同北金ヶ沢・同深浦地区、以上の三地域に集中して、津軽平野の東北部、外浜（青森市周辺）、下北、南部地域には、ほぼ存在しない。また、津軽地域の分布にも特徴があり、津軽平野内陸部のものは鎌倉時代に造立されたものが

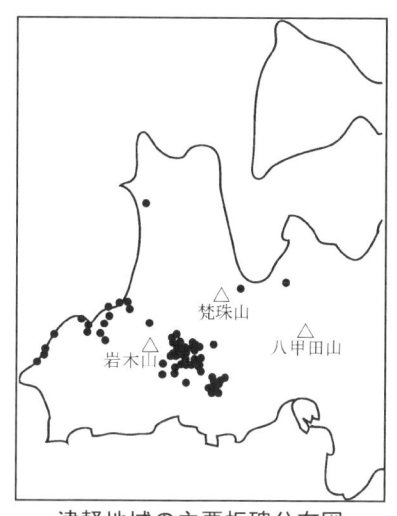

津軽地域の主要板碑分布図
工藤清秦氏（2001年）を基に筆者作成

多く、西海岸地域のものは室町時代のものが中心となる。さらに板碑の材質や信仰対象にも両地域に差がみられ、このことから板碑文化の流入ルートの違いが指摘されている。津軽平野内陸部には、奥大道といわれる幹線道路（現在の東北自動車道とほぼ同じルート）を通してもたらされた「陸の道」経由、西海岸には、日本海を通じた「海の道」経由で板碑文化が流入したとされる。

　板碑を津軽に持ち込んだのは誰だったのか。この問いに答えるためには、板碑文化の発祥について触れなければならない。板碑の発生には諸説あるが、緑

泥片岩が産出する地域である武蔵国（現：埼玉県）を起源とする説が有力である。埼玉県には、現在確認される最古の板碑が存在することや、板碑数が他地域よりも圧倒的に多いことから発祥地と推測されている。この板碑文化は、13世紀以降、鎌倉武士に信仰され、彼らの各地への進出に伴って、全国に拡大したものと考えられている。この動きは、津軽地域でも同様であり、鎌倉武士によって板碑文化がもたらされたと考えられる。それでは、どのような鎌倉武士が津軽の地にやってきたのだろうか。また、板碑の分布に地域的偏りがあるのはなぜだろうか。これらの問題について、鎌倉時代の津軽の様子を概観していくことで考えていきたい。

● 鎌倉時代、津軽を支配していたのは誰か？

1189（文治5）年、源頼朝は源義経をかくまったことを理由に平泉に軍を進めて、藤原泰衡を討った。奥州藤原氏の滅亡後、頼朝は早速、奥羽経営に乗り出し、奥州の警察権と行政権を統括する奥州総奉行制を確立させ、この結果、東北のほぼ全地域が鎌倉幕府の管轄下に置かれることになった。

院政期から鎌倉時代末までの国家的な土地制度を、一般に荘園公領制と呼んでいるが、頼朝は国ごとに守護を、荘園には地頭を設置していった。青森県を含む北東北では、12世紀前半頃までには郡制が敷かれていったが、地頭はこの郡ごとにおかれるという特徴を有していた。津軽地域には、津軽平賀郡（岩木川の上流、黒石市西南部・弘前市南部・平川市・南津軽郡南部）、津軽田舎郡（黒石市・南津軽郡北部）、津軽山辺郡（黒石市北部から青森市西南部）、津軽鼻和郡（弘前市・中津軽郡・南津軽郡北部・北津軽郡南部）の津軽四郡などと総称される郡のほか、郡と冠しない外浜（津軽半島の陸奥湾側、東津軽郡・青森市北西部）、津軽西浜（津軽半島の日本海側から西津軽郡）などが設置された。これは、鎌倉幕府の勢力が北日本まで到達したことを意味している。

東北地方の地頭として任命されたのは、葛西氏や伊沢氏をはじめ、畠山・北条・三浦・足利・中条といった、関東に拠点をおき、将軍に近侍する有力御家人であった。彼らは現地に自ら赴くことはなく、庶子や一族、または家臣や現地の豪族を代官（地頭代）として登用した。

その中で、津軽の多くの郡を所有していたのが、源氏滅亡後、鎌倉幕府の権

力を握った北条得宗家であっ
た。得宗とは執権北条氏の嫡
流（家督）のことで、二代執権
義時の法名に由来する。北条氏
は、津軽の各郡に地頭代をおき、
各地の管理を委ねた。津軽地域
の中でも、津軽平賀郡は、早く
も北条時政の時代から北条氏の
所領になっていた可能性が指摘
されている。1205（元久2）年
に時政が引退を余儀なくされる
と、津軽の地頭職は子の義時に
移ったとされる。1206（建永元）

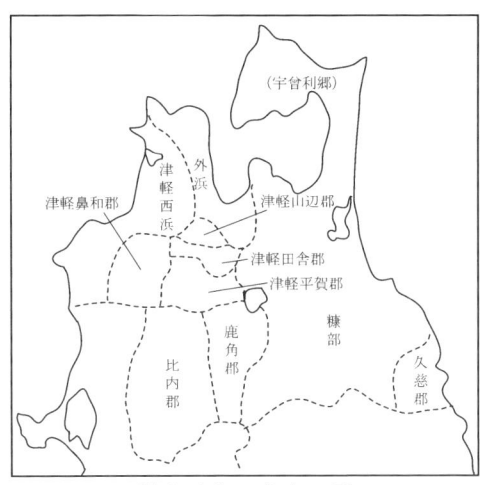

鎌倉時代の北奥の郡

年、津軽平賀郡柏木郷（現：平川市柏木町）に関する年貢などの免除を命じた、
北条義時の文書が残されているが、武蔵国（現：埼玉県・東京都・神奈川県）
の御家人金子氏に宛てられたものであると推測されている。金子氏は、北条氏
が武蔵国への影響力を強める過程において家臣化したと見られ、柏木郷の地頭
代に任命されたと考えられる。

　その後、平賀郡は義時から泰時へ相伝され、地頭代として曽我氏の名がみら
れるようになる。曽我氏は相模国の御家人であり、北条氏と主従関係と結んで
いた。また、時頼の時代には、宝治合戦（1247年）の勝利により、北条氏の
所領は飛躍的に増え、津軽以外の糠部（南部地方）も含む青森県全域が、北条
氏の所領となった。ちなみに、時頼には出家後の廻国伝説が流布しており、藤
崎町には時頼の姿であったとされる唐糸御前伝説（コラム参照）が伝わってい
る。

　また、弘前市の長勝寺にある、1306（嘉元4）年8月15日の銘をもつ「嘉元鐘」
からも鎌倉武士の様子がうかがえる。本来、この梵鐘は後述のコラムで紹介し
た唐糸御前伝説が残る藤崎町の護国寺にかかげられていたと指摘されており、
銘文から鋳造の大檀那が得宗北条貞時であることがわかっている。また、貞時
の他に銘文に刻まれた15名の資金提供者も有力な北条氏の家臣であったと考

えられる。その素性を見ていくと、関東に在住する北条氏の地頭代と、津軽に居住する在地の代官とが名を連ねており、その背景には貞時時代、得宗家をめぐる北条氏内部の争いが激しくなり、津軽の地でも家臣団の結束を強める動きがあったことが推測できる。

● 津軽に板碑が多いのはなぜか？

　板碑が津軽地域だけに分布する「地域的偏り」については、かつては、糠部^{ぬかのぶ}では領主南部氏に板碑を造立する習慣がなかった、あるいは南部氏によってこの地の板碑が破壊されたという見解があった。しかし、最近の研究成果によると、南部氏が糠部^{ぬかのぶ}に勢力を広げたのが南北朝期以降であったことや、糠部^{ぬかのぶ}にも

鎌倉時代に北条氏の所領がおかれていたことから、このような見解は成り立たない。

それでは、なぜ糠部（ぬかのぶ）では板碑が浸透しなかったのだろうか。その背景として、古代エミシ時代から続く、在地の「カミ」信仰により、受容されなかったためとする見方がある。古代北奥への仏教浸透について明らかにした大矢邦宣氏は、岩手県二戸市浄法寺の天台寺に安置された10世紀半ばから11世紀の作品とされる仏像が、東北地方の他の仏像とは明らかに異なる風貌をもち、「神像」ともいうべき仏像離れした表情をしていて、地元の人々が「カミ」として信仰の対象としてきたことを紹介している。大矢氏の研究を踏まえ、斉藤利男氏は、仏像を「カミ」として信仰する風潮は北東北で見られ、東北北部が仏教を受容しつつも、古代以来のエミシ社会における「カミ」信仰が生き続け、仏教信仰と併存した独特の宗教世界を形成したという見解を示している。それ故に、鎌倉武士によって持ち込まれた板碑文化は、北東北の宗教世界の独自性を揺るがすものであり、そのために在地での抵抗もあったのではないだろうか。糠部（ぬかのぶ）では、板碑文化が一旦は移入されたが、抵抗などがあり継続しなかった可能性が考えられる。

では、なぜ津軽では、板碑文化が浸透していったのか。この問題を解く上で、斉藤氏は糠部（ぬかのぶ）に板碑が存在しないという視点ではなく、津軽が岩手・秋田県北部の状況と比較しても、板碑の分布数が多いことから、津軽の特殊性に注目している。津軽は、奥大道の終着点として、古代から中央文化が流入しやすく、他地域よりも文化的「先進地帯」だったことが、青森市石江遺跡群から中国産の陶磁器や常滑焼・渥美焼・珠洲焼などの出土から推測できる。つまり津軽は、常に外の世界から文化が流入しやすく、糠部（ぬかのぶ）などで板碑文化を拒否した北東北独自の宗教的風土が薄かったのではないかと、斉藤氏は見解を示している。

● 北条氏はなぜ、津軽を所領にしたのか？

鎌倉武士は、津軽をどのような場所として認識していたのだろうか。この問題を探るために、中世の「日本国」の境界意識について考えたい。

『曽我物語』の「真名本（まなぼん）」や『源平盛衰記』には、まだ伊豆国の流人であった源頼朝に対し、第一の家来の安達盛長が、次のような夢を見たと物語ってい

る。それは、頼朝が足柄山（神奈川県と静岡県の境にある山）の矢倉岳の頂上に腰をおろし、左足は東の果ての陸奥国外浜を、右足は西の果ての鬼界ヶ島（鹿児島県）を踏んでいる。その頼朝に対して走湯山権現（現：静岡県熱海市の伊豆山神社）の僧侶や盛長たちが、それぞれ金・銀の酒器で三々九度の杯をさし上げているという内容であった。これはやがて頼朝が関東にいながら日本全体を支配するという、神仏のお告げを知らせる吉夢を示したものだが、ここから陸奥国の外浜と鬼界ヶ島が、それぞれ当時の「日本国」の東と西の境界だと認識されていたことがわかる。『曽我物語』の「真名本」も『源平盛衰記』も鎌倉時代末期には完成したとされているので、13世紀前後には、この境界認識が人々のあいだに広がっていたと考えてもよいのではないか。

　つまり、津軽の地は、東の境界地帯である外浜に接する場所であり、蝦夷地やその先の北方世界と交流ができる重要地だった。そのため、北条氏は津軽を自らの所領としたと考えることができないだろうか。ちなみに、西の境界であった鬼界ヶ島は、北条氏の家臣であった千竈氏が支配を委ねられていた。「真名本」では、南北の境界について北の境界は佐渡国、南の境界は一致しない部分もあるが、紀伊国または土佐国と記載されている。いずれの国も北条氏一門が代々守護の地位についていた。よって、鎌倉時代に「日本国」の境界とされる場所には、北条氏の一門または家臣が支配にあたっていたという共通性が見られる。境界とは未知の世界との接点であり、京都の貴族たちにとっては鬼の住む世界と認識されていただろう。実際に鎌倉時代の罪人の流刑地として、外浜は度々登場する。しかし、交易という観点からとらえれば、境界は莫大な富を生み出す可能性を秘めたソトの世界と交易ができる場所でもある。このことは、津軽では数少ない、生え抜きの地頭代である安藤氏が北方交易を介して財を蓄積し勢力を伸ばして、鎌倉末期には一族内の抗争が、幕府の存立危機を及ぼすまでに至ったことが示している。

　かつて津軽の中世は、文献史料の制約もあり不明な点が多かったが、最近の研究の進展により、その様子が明らかになってきた。津軽の地は、中世において決して「後進地域」ではなく、鎌倉幕府にとって支配下におきたい地であり、それは北条氏が津軽を自らの支配下にしたことからもうかがえる。鎌倉時代の津軽は、他の地域と同様に武士政権の影響を受けていた。そして、それは津軽

の地が「内国化」されたことを意味する。しかし、板碑の地域的偏りが示すように、中央の影響を安易に受け入れない、在地固有の文化も存在する重層的な性格を有した面があったことも忘れてはならない。

（金子勇太）

【もっと知りたい人のために】

深浦町に「関の古碑群」といわれる中世の板碑群がある。関の杉という大きな杉の木の下に42基の古碑が残されている。その中には、「安倍」という文字が碑面に刻まれていることや、鎌倉時代末期に起きた安藤氏の内紛の戦場が、この付近であることから、安藤氏との関連性が考えられる。関の古碑群は、JR五能線北金ヶ沢駅付近の国道101号線沿いに位置している。板碑群がある場所からは、日本海を望むこともでき、当時の趣を感じることができる場所である。

関の古碑群

＜参考文献＞
石井進『日本の中世1　中世のかたち』中央公論新社、2002年
大矢邦宣「古代北奥への仏教浸透について」義江彰夫・入間田宣夫・斉藤利男編
　　『十和田湖が語る古代北奥の謎』校倉書房、2006年
工藤清泰「津軽・景観遺物としての板碑」大石直正・川崎利夫『中世奥羽と板碑
　　の世界』高志書院、2001年
長谷川成一・村越潔・小口雅史・斉藤利男・小岩信竹『青森県の歴史』山川出版
　　社、2000年

5．北の港湾都市十三湊の繁栄 ―北方交易と安藤氏―

☞ 教科書では

　室町幕府第3代将軍足利義満は1368年、朱元璋によって建国された明との貿易を開始した。この明との貿易により、日本には銅銭や生糸、絹織物などが輸入されるようになった。また、義満は李成桂が建てた朝鮮国との貿易も始め、各地の守護大名などが貿易船を派遣して綿織物や仏教の経典を輸入した。明や朝鮮との貿易は、日本の経済や文化に大きな影響を与えた。室町期の日本は、国内においても産業が発達し、遠隔地間の取引も活発になり、海・川・陸の交通路も整備され、各地には港町が誕生した。そのなかで全国有数の港町として繁栄したのが、十三湊である。

● なぜ、十三湊は繁栄したのか？

　十三湊は、津軽平野を流れる岩木川が日本海に注ぐ河口付近にある十三湖と日本海に挟まれて南北に半島状に延びる砂州状に立地した、五所川原市十三に所在する中世の港湾都市である。

　現在の十三は、人口数が800人程の集落であるが、室町時代に成立した『廻船式目』（現在の海商法にあたる法律書）では、三津七湊の一つ

上空から見た十三湊
背後には岩木山が見える
（五所川原市教育委員会提供）

に数えられる港町であった。三津七湊には、筑前の博多津や越前の三国湊なども含まれており、十三湊が当時、全国有数の港町であったことがわかる。また、江戸時代に作成されたという『十三湊往来』には、「蝦夷地からの船や都からの船が舳先を並べて停泊しており、港には市が形成された」という記載があり、その繁栄ぶりを垣間みることができる。そしてこの十三湊を支配したのが、鎌倉時代から勢力を拡大させた在地豪族の安藤氏である。なぜ、この北の

地の十三湊に全国有数の港町が繁栄したのだろうか。鎌倉時代から室町時代にかけての安藤氏の動向や十三湊遺跡の発掘成果から探っていきたい。

● 十三湊はどのような都市だったのか？

　十三湊は広くその名が知られていたが、1340年の津波により壊滅したという伝承が一般的に広く流布したことと、小さな集落という現在の姿もあいまって、長い間、「幻の港町」とされてきた。しかし、1991年から2004年までの発掘調査によって遺跡が良好に保存されていることが判明し、中世の都市構造を明らかにできる貴重な遺跡として、その歴史的価値が注目されるようになった。

　当初、十三湊遺跡は始まりを12世紀後半の奥州藤原氏時代とし、その都市構造は集落が位置する砂州中央部の東西に延びる大土塁と堀を境に、北側が安藤氏居館及び家臣団屋敷地区、南側が町屋及び寺院地区という二元構造の都市であると考えられていた。しかし、その後の榊原滋高氏らの発掘調査と研究により、十三湊遺跡の始まりは12世紀後半ではなく、13世紀始めの鎌倉初期であり、都市構造も3つの時期にかけて変遷していったことが明らかになった。

　第1期は鎌倉時代中後期にあたる13世紀初めから14世紀前半の発生・展開期である。この時期は、遺跡が立地する砂州の中央部の前潟に面した場所に初期の集落が形成されていた。その後、集落は徐々に北側に広がっていき、14世紀代には、前潟に面した集落の背後にあたる場所（旧十三小学校）に、領主の拠点と考えられる施設の存在が推測される。

　14世紀後半から15世紀前半の最盛期には、十三湊の街並みは大きく変化する。砂州中央部に東西方向に延びる大土塁と堀が築かれ、土塁の北側を中心とした地区では、土塁に沿った道路が等間隔に造られるなど、計画的で大規模な都市整備が進められた。そこには、領主と家臣たちの屋敷群、交易に携わる住民の家屋、港湾施設、宗教施設が密集していたと推測されている。なお、この大規模な都市整備の時期は、一族の内紛を終えた安藤氏が十三湊に拠点を移した時期と重なっている。

　そして、15世紀半ばになると、前時期までの中心であった土塁北側が衰退し、新たに土塁南側を中心に都市が再編されるとともに、都市の機能が分散するよ

うになる。衰退した土塁北側では、15世紀前半に火災にあって土器・陶磁器などの生活用具が被災したことや、広範囲にわたり火事場整理が行われたことを示す、大量の焼けた角礫、炭化材、土器・陶磁器を廃棄した集石遺構、廃棄された井戸跡などがみられる。この火災については、1432（永享4）年の南部氏との抗争によるものだと考えられている。一方、南側では遺跡南端に宗教施設（伝檀林寺跡）が造られ、その周辺に町が整備される。また、土塁北側の前潟に面した場所に大規模な港湾施設が造られる。

　十三湊遺跡からは多種多様な出土遺物も発掘されている。主なものは中世の土器・陶磁器で、中国や朝鮮で生産された貿易陶磁器と国内で生産された国産陶磁器に分けることができる。貿易陶磁器では中国陶器、青磁、白磁、青白磁、高麗青磁などがみられる。この他に沖縄首里城でしか出土されていないタイ産陶器も発掘された。国産陶磁器では、瀬戸、珠洲、越前、土師器などがみられる。陶磁器以外にも、滑石製の石鍋、京都産の砥石、古銭なども出土している。

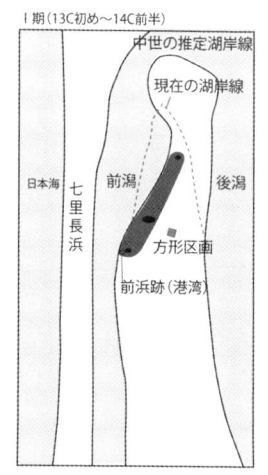
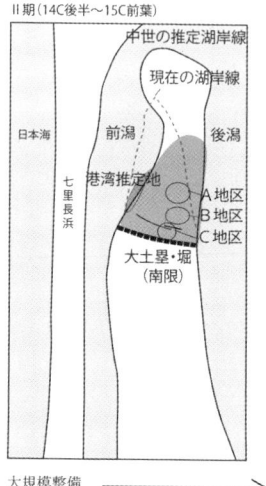
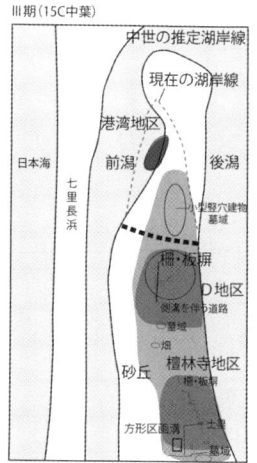

Ⅰ期（13C初め～14C前半）

Ⅱ期（14C後半～15C前葉）

Ⅲ期（15C中葉）

前潟に面した場所に集落──→
背後に領主館

大規模整備
土塁北側に集中
A地区：堀、板塀の区画
　　　　掘立柱建物＋井戸
B地区：堀＋板塀の方形区画（居館？）
　　　　掘立柱建物＋井戸＋大型竪穴建物
C地区：柵囲い道路、板塀区画
　　　　掘立柱建物＋井戸

──→再整備
機能分散
港湾地区：南北約200m、礫敷港湾施設
小型竪穴建物＋墓域地区：鉄、鋼関連遺構、遺物（生産）
D地区：側溝を伴う道路、
　　　　掘立柱建物＋井戸（一般、商人？）
檀林寺地区：溝による方形区画、土塁による区画
　　　　　　板塀と柵による屋敷割り（領主と家臣？）
　　　　　　隣接して溝城

十三湊の時期別変遷図
（五所川原市教育委員会提供）

また、アイヌと関係深いガラス玉（青玉）やアイヌが珍重した刀装具である蝦夷拵もみられる。

これら出土した遺物の多くは交易によって運ばれたものである。国内外の陶磁器や蝦夷地に住むアイヌが使用した道具などが発掘されていることからも、十三湊が日本国内のみならず中国や朝鮮、北方世界とも結ばれた港湾都市であったことを示し

十三湊遺跡出土品
（五所川原市教育委員会提供）

ている。そして、十三湊の領主である安藤氏が交易で蓄えた財を基に大きな勢力と経済力を保持したことは想像に難くない。十三湊を支配した安藤氏とはどのような一族だったのだろうか。

● 安藤氏とはどのような一族なのか？

安藤氏に関する文献史料は少なく、残っているものも江戸時代に作成された系図などで、信憑性に欠けるものが多い。そのため、その出自などについては謎が多い。安藤氏が歴史の舞台に登場するのは鎌倉時代である。安藤氏に関する史料としては 14 世紀に作成された『保暦間記』に「安藤五郎を東夷の堅めのために、義時の代官として津軽に配置した」という記載がみられる。義時とは２代執権北条義時のことである。また 14 世紀に成立した『諏訪大明神絵詞』には「安藤太というものを蝦夷管領とした」ともみられる。これらの史料から、安藤氏が単なる在地の豪族ではなく、「東夷の堅め」を担う「蝦夷管領」という役目を幕府から任命されていたことが推測される。

鎌倉幕府における訴訟手続きの解説書である『沙汰未練書』には「武家ノ沙汰」として「東夷成敗」という項目がある。この「東夷成敗」は、日本国の東の境界とされていた外浜を統治し、流刑された罪人の処置や、蝦夷ヶ島に住むエゾと呼ばれた人々との交易を管理するなどの権限であることが想定できる。北条氏は、幕府内での影響力を強める過程で、この権限を握り、現地において地頭代に抜擢した在地の安藤氏にその実行を任せたと考えられる。義時が安藤五郎

を抜擢した時期は、先に述べた十三湊遺跡の成立時期にも重なる。安藤氏も幕府からは、エゾとして認識されていたようである。『吾妻鏡』の建仁2（1202）年の記事には、「西国の囚人を奥州の夷を介して夷嶋に流した」という記載があり、この「奥州の夷」が安藤氏という可能性がある。それでは、安藤氏は幕府からエゾと認識されることをどう捉えていたのだろうか。

　安藤氏に関する系図は、『藤崎系図』や『秋田家系図』、『下国伊駒安陪姓之家譜』などがあるが、いずれも正しい系図を示していない。しかし、共通する点は、いずれの系図も先祖を前九年合戦（1051〜1062年）で朝廷と戦った安倍貞任の子孫とし、本姓を「安倍」としていることである。さらに、安倍氏の祖先をたどると、神武天皇の東征に際して大和生駒（奈良県生駒市）で滅ぼされた「安日（あび）」としている。この「安日」は神武天皇に敗れた後、一族もろとも津軽外浜に追放されたという。そして、この「安日」から数代後の「高丸」は「悪路王」と呼ばれ、征夷大将軍の坂上田村麻呂に抵抗した人物であるとされている。この悪路王のモデルになったのは、「阿弖流為（アテルイ）」であると考えられる。つまり、安藤氏は代々、朝廷への「反逆者」を先祖としているのである。このような系譜を残す一族は、他にはなく、ここに安藤氏の系譜意識の特異性があるといえよう。むしろ、「反逆者」の子孫であることを誇りに感じているようにさえ思わせる。これは、安藤氏が中央政権の支配下にありながらも、北方世界との境界地帯である津軽を統治しているという、精神的自立性を象徴していると考えられないだろうか。

● 安藤氏はどのように勢力を拡大させたのか

　鎌倉時代の僧侶日蓮の著作を集めた『日蓮遺文』には、1268（文永5）年に起こったとされる蝦夷蜂起に関する記事がある。それによると、蝦夷が反乱を起こし、「安藤五郎」という者が討ち取られてしまったという内容が記されている。この安藤五郎とは、当時の安藤家の当主であったと考えられる。この討ち取られてしまった安藤五郎家にかわって、安藤家の当主となったのが、同じ安藤一族であるが、五郎家とは別系統の「又太郎」家であったとされる。この蝦夷反乱については、これ以上の史料がなく、その原因などについてはわからないが、ちょうど元とサハリン・アイヌとの戦いの時期と重なることから、な

んらかの影響を受けてアイヌとの交易にトラブルが生じたのではないかとする見解もある。

　その後、1319（元応元）年には、出羽国で蝦夷蜂起が起こる。また、1322（元亨2）年には、安藤又太郎季長と安藤五郎三郎季久との、従兄弟同士の安藤家当主をめぐる争いも表面化する。幕府は1325（正中2）年6月に蝦夷代官職にあった季長を更迭し、季久を代官職に任命した。これを機に季久は宗季と改名し、前当主の通り名である又太郎を名乗るようになった。

　しかし、このことが、さらに内紛を悪化させた。そこで幕府は二人を鎌倉に呼んで、双方の言い分を聞き、裁判をしたが、執権北条高時の家臣長崎高資が双方から賄賂を取り、いずれへも有利な裁決を与えたことが、さらなる混乱を招いた。また、二人の留守中に家来たちが数千の「夷族」を集めて、大規模な戦いに拡大させた。

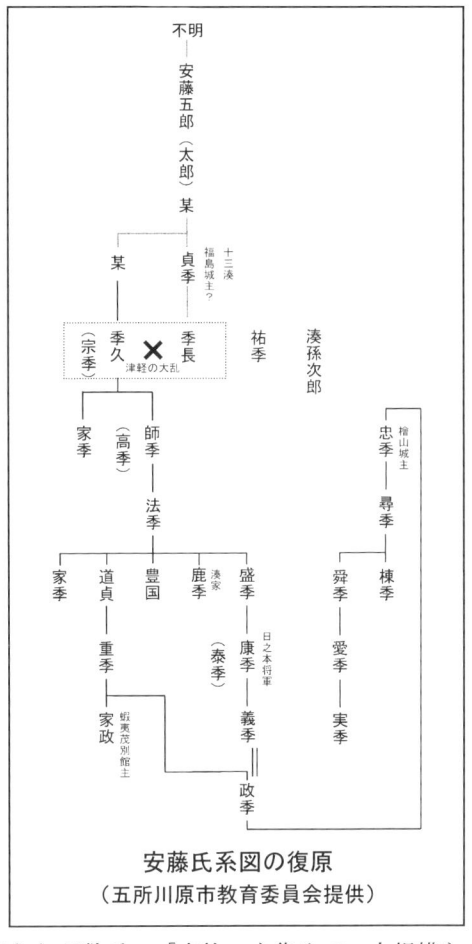

安藤氏系図の復原
（五所川原市教育委員会提供）

　幕府は1326（嘉暦元）年に御家人の工藤貞祐が率いる討伐軍を派遣して、季長を捕えたが、乱は収まらず、翌年にさらに軍勢を派遣することで和談に至った。この安藤氏の内紛に対して、幕府は元寇と同様の対応をしている。北条高時の自邸において、1324（正中元）年に五壇の護摩を設け、「蝦夷降伏」の祈祷をおこない、翌年には鶴岡八幡宮などで「蝦夷静謐」の祈祷をしている。五壇の護摩が行われたのは弘安の役（1281年）以来のことであり、幕府にとっ

ては元寇に匹敵するほどの重大事件であったことがうかがえる。このことから、安藤一族の内紛は、単なる一族内の家督相続ではなく、アイヌとの北方交易をめぐる利権争いが背景にあるのではないかと考えられる。

安藤氏は北条氏の家臣であったが、鎌倉幕府の滅亡後は、情勢を見極めて建武政権側についたようである。後醍醐天皇により陸奥守に任命された北畠顕家は、安藤氏を引き続き、「東夷成敗権」の現地執行権者としての立場を認めた。その後、南北朝の動乱期では、安藤氏は、北朝側に従い、継続して北奥の地の統括を任された。南北朝統一後の1394（応永元）年、「北海夷狄大動乱」という蝦夷の反乱事件が起こる。史料が残っていないので、詳細については不明だが、当時、蝦夷ヶ島・千島・サハリン南部で勢力を強めていたアイヌと、南の日本側の勢力との衝突事件であったと考えられる。そして、この事件を鎮圧したのが、安藤盛季・鹿季兄弟である。

この功績によって、安藤家当主であった兄の盛季は、足利義満から京都室町将軍直属御家人の地位と、北方蝦夷支配責任者の地位を改めて認められた。そして、盛季は津軽・外浜・宇曽利の本領のほか、蝦夷ヶ島の松前以東の地である「下国」（北海道の津軽海峡沿いと太平洋岸一帯）を支配する「下国殿」「下国屋形」の地位を安堵され、のちに「日之本将軍」と呼ばれる地位を確保する。弟の鹿季も出羽国秋田を与えられ、この地の領主である秋田城介顕任を滅ぼし、秋田湊に入部し、同じく室町将軍直属御家人で、「秋田屋形」と名乗り、湊安東氏（湊家）の祖となった。安藤兄弟が得た「屋形」称号は、当時の守護と同格扱いのものであり、他の例としては上杉氏や武田氏が屋形号を称している。この結果、津軽十三湊を拠点とする下国安藤氏（下国屋形）と、出羽秋田湊の湊安東氏（秋田屋形）によって担われる室町時代の北方支配体制が発足することになる。

●「日之本将軍」安藤氏とはどのような存在だったのか？

江戸時代に編纂された『後鑑』には、1423（応永30）年に「安藤陸奥守」という人物が、5代将軍足利義量の将軍就任の祝い品として、馬20頭、中国銭2万疋、ラッコ皮30枚、昆布500把、鷲羽50羽を献上したという記録が残されている。この時の献上品であるラッコ皮や昆布、鷲羽などはアイヌとの交

易で得たものであり、安藤氏と北方世界との繋がりを示している。この「安藤陸奥守」は下国家の安藤康季とも盛季ともいわれるが、特定はされていない。将軍家に珍しい献上品を贈ることで、自己勢力のアピールと北方世界との関係をもつ特異性を強調する意図があったと考えられる。

　この時代の安藤氏の様子がうかがえる出来事がもう一つある。1435（永享7）年3月に若狭国小浜（現：福井県小浜市）にある、羽賀寺という寺院が焼失した。この火災で堂舎は焼け落ち、かろうじて本尊の十一面観音像だけが持ち出されて無事だったという。この羽賀寺の再建に莫大な援助をしたのが安藤氏であった。『羽賀寺縁起絵巻』では「奥州十三湊日之本将軍安倍康季が後花園天皇の勅命によって、若狭国羽賀寺の再建を行った」という記載がある。羽賀寺の再建事業は12年の年月をかけて進められ、本堂が完成した時には、康季は没し、子の義季の時代になっていた。この羽賀寺の再建事業を進めていた時期は、安藤氏が南部氏との抗争に敗れて、十三湊から蝦夷地に逃れていた時期と重なる。こうした苦境の中でも、羽賀寺の再建に莫大な援助をした安藤氏の経済力はどこにあったのだろうか。

　それは、北方世界との交易で得た利益であったと考えられる。ラッコ皮や昆布、鷲羽などの品物は、古代から珍重され、その価値は非常に高いものであった。その価値について、ラッコの皮を例にしてみよう。

　ラッコは、ウルップ島などの千島列島・アラスカ・カリフォルニア沿岸に生息している。ラッコという名称がアイヌ語に由来していることから、アイヌ民族との交易から、安藤氏が入手したことは明らかである。つまり、15世紀にはアイヌ民族がウルップ島のラッコの捕獲・交易に介在し、安藤氏を通して日本海に流通させるルートを開拓していた。当時、ラッコ皮は上級武士や公家、豪商などに珍重されていた。その流通は琉球王国にまで達しており、琉球国王尚巴志が、明への貢物としてラッコ皮を送っているという記録もある（『歴代宝案』巻6-22）。どのような経路でラッコ皮が琉球まで届いたのかはわからないが、北方交易を担っていた安藤氏の拠点である十三湊を経由し、日本海ルートでもたらされたことは予想できる。

　ラッコ皮は江戸時代の記録に献上品として度々登場する。例えば、1593（文禄2）年に松前藩初代藩主の蠣崎慶広が肥前名護屋（現：佐賀県鎮西町）にお

いて、朝鮮侵略を目指す豊臣秀吉にラッコ皮を3枚献上したという記録がある（『福山秘府』）。ラッコ皮が献上品として登場する記録は他にもみられるが、その数は、数枚程度の場合が多い。ラッコ皮1枚の交易価値は時代が降りるが、18世紀後半で、質が悪いものでも1枚で、米8升入り30俵、糀8升入り3俵、酒5升入り1樽、たばこ3把、きせる2本であった。ラッコ皮が数枚程度しか献上できない貴重なものであったことがわかる。ラッコ皮以外にも、献上品として贈られた鷲羽や昆布も同様であり、アイヌ民族との交易権を握った安藤氏は、これら北方世界の品々を基に莫大な経済力を蓄えていったと思われる。

● 十三湊は、なぜ衰退していったのか？

　しかし、安藤氏の興隆も長く続いたわけではなかった。安藤氏を追い詰める存在だったのが、糠部（現：青森県南部地方）に勢力をもった南部氏である。安藤氏と南部氏の抗争は応永年間（1394〜1428年）に始まる。両者の合戦の様子の詳細はわからないが、1411（応永18）年に南部守行が湊安東鹿季と合戦に及んだという。1432（永享4）年には、下国安藤氏が南部義政の攻撃を受けて本拠地の十三湊が陥落し、下国安藤盛季・康季が蝦夷ヶ島に敗走する事態に陥る。この時の戦争跡が先述したように、十三湊遺跡の土塁北側に残されている。

　その後、蝦夷地に逃れた安藤氏は室町幕府に調停を依頼している。幕府は即座に調停に乗り出すが、南部氏は和睦案をなかなか受け入れなかった。最終的には将軍足利義教によって強引に和睦が推し進められた。この和睦成立後、下国安藤氏は十三湊に戻ることになる。だが、1442（嘉吉2）年、再び南部氏が十三湊を攻撃し、安藤康季・義季は再度蝦夷地へ逃亡した。その後、安藤氏は数度、十三湊奪還を試みるが、1453（享徳2）年に義季が津軽鼻和郡大浦郷（現：青森県弘前市）の狼倉館で南部氏との戦闘に敗れ自害することで、下国安藤氏の系統は途絶えてしまう。そして安藤氏の拠点である十三湊も衰亡していくことになる。

● 十三湊は "北の外れ" なのか？

　鎌倉期から室町期にかけて勢力を誇った安藤氏の歴史を概観してきたが、十三湊の地が北方交易の拠点になった理由について再考したい。十三湊が自然

的条件に恵まれた良港であったことはもちろんだが、北方世界においては、その位置も適していたのではないだろうか。現代的な国境意識でみれば、十三湊は"北の外れ"と考えてしまうが、国境線を除外した、北東アジアまで範囲にした視野で考えれば、十三湊は決して"北の外れ"ではなく、中心地としてみることもできる。

また本州と北海道を挟む津軽海峡は、人々の行き来を分断するものではなく、むしろ南北両地域で形成される「北の内海世界」の海の道であった。そして、「北の内海世界」における社会的・経済的・文化的活動の中心となったのが安藤氏と港湾都市十三湊であった。現代的な国境意識を除いた多面的な歴史の見方が求められる。

（金子勇太）

【もっと知りたい人のために】

十三湖・中の島ブリッジパーク内の市浦歴史民俗資料館には、十三湊遺跡から発掘された大量の遺物や安藤氏の軌跡、発掘調査の様子などを知ることができる資料が展示されている。

市浦歴史民俗資料館

資料館は、「よみがえる十三湊〜領主館と周辺の様子〜」、「十三湊の人々のくらし〜武家屋敷と町屋の様子〜」、「安藤氏の活動と精神世界〜古文書・石造物は語る〜」、「映像展示コーナー〜発掘は語る・十三湊〜」の各展示室から構成されている。十三湊遺跡の全体像を理解するために、ぜひ訪れたい場所である。

五所川原市十三土佐地内（十三湖・中の島）　TEL：0173-62-2775

<参考文献>

青森県市浦村編『中世十三湊の世界―よみがえる北の港湾都市―』新人物往来社、2004 年

斉藤利男「四通の十三湊安藤氏相伝文書と八戸南部氏」藤木久志・伊藤喜良編『奥羽から中世をみる』吉川弘文館、2009 年

前川要・十三湊フォーラム実行委員会編『十三湊遺跡―国史跡指定記念フォーラム―』六一書房、2006 年

6. 北奥の貴族「浪岡御所」—南北朝動乱から戦国時代へ—

☞ **教科書では**

　鎌倉時代後半、交通等の発達による経済発展、これにより富を蓄え幕府の命に従わない「悪党」の出現、そして分割相続による御家人の経済的困窮が生まれていた。この機に乗じた、後醍醐天皇を中心とする倒幕事件（正中の変・元弘の変）は、一旦は失敗したが、1333年、ついに鎌倉幕府は倒れた。その後の「建武の新政」は、武士の慣習を考慮しない公家中心の施政であったとされ、これに異を唱えた武士たちが足利尊氏を中心として後醍醐天皇に叛旗を翻した。こののち朝廷は、南朝と北朝とに分かれ、尊氏は北朝から征夷大将軍として任じられると幕府を開き、およそ60年にわたる南北朝の動乱が始まった。この時、奥州を舞台に南朝を支えたのが、北畠親房、その子顕家、顕信、そして戦国時代を中心に活躍を見せたのがその子孫とされる、浪岡（波岡）北畠氏である。

● 南朝の雄　北畠氏とは？

　北畠氏は、村上天皇に発する源氏姓の名族である。北畠親房は、建武の新政後、南朝方の正当性を説く『神皇正統記』を著すなど、南朝方を理論面でも支えた。その子、顕家は、1333年8月、後醍醐天皇から陸奥守に任じられた（のちに鎮守府将軍を兼務）。10月には、義良親王（のちの後村上天皇）を奉じ、父親房とともに多賀国府（宮城県多賀城市）に赴き、奥羽、関東の武士たちを支配するようになる。また顕家は、1334年、鎌倉幕府方の残党を抑えるため津軽にも下向している。

　新政初期は、北奥羽においては南部氏、安藤氏らの所領安堵を行うほか、治世の安定に努めた。しかし、足利尊氏が叛旗を翻してのちは、南朝方の中心として北朝方との戦いにも力を注がざるを得なくなった。

　この時、軍事面で大きな力となったのが、糠部（ぬかのぶ）に勢力をもち八戸根城に根拠をおく南部師行であった。顕家は近畿地方にまで遠征すること2度におよんだが、ついに1338年、師行とともに、和泉国堺の石津において戦死してしまう。

　顕家亡き後は、弟の顕信が陸奥介鎮守府将軍として、また陸奥大守として義

良親王が、奥羽の南朝方の中心となっていった。

● 謎の領主「浪岡御所」北畠氏

　現在の青森市浪岡にある国史跡「浪岡城跡」を本拠とした浪岡北畠氏は、「浪岡御所」と呼ばれた。御所とはもともとは天皇の居所を指したが、時代が移るにつれ、摂関家、将軍家、将軍家一族の呼称にも使われるようになる。室町期の奥羽においては、ほかに奥州探題大崎氏、および一族の斯波氏、羽州探題最上氏しか呼称を許されなかった。

　では、この浪岡御所北畠氏は、顕家や顕信とどのようなつながりがあったのだろうか。残念ながら浪岡北畠氏については、同時期史料、古文書の類がわずかしか伝わっておらず、北畠親房子息の末裔であるとはされるものの、はっきりとした事実はわかっていない。

　残された手掛かりから系譜について調べても、浪岡北畠氏が親房嫡子顕家の系統なのか、次男顕信の系統なのかさえ定かではない。多くの記録や系図は、顕家系で記されているがこれも様々である。室町時代に編纂された系図集『尊卑分脈』では、顕家・顕成・顕元までが、また顕信系は、顕信・守親・親能までが、諸記録と一致するのみである。

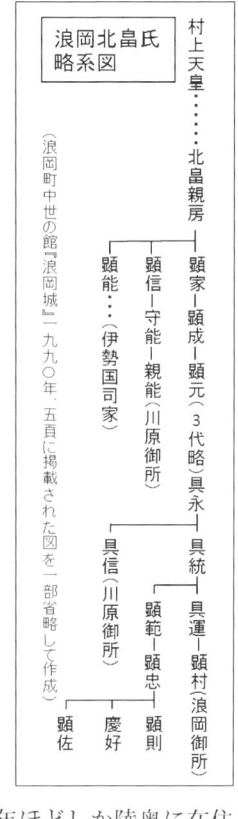

　ちなみに、顕家が長征を挟み1333～1338年までの4年ほどしか陸奥に在住せず、享年21歳で戦死したのに対して、顕信は1358年までは、奥羽で活躍したことが確認できる（『北畠顕信寄進状』鳥海山大物忌神社文書）。在住期間でみると、顕信の系統である蓋然性が高いだろうか。北畠氏は、浪岡に入部する以前は、現在の岩手県閉伊郡船越に依拠していたとされる。浪岡入部時期については、江戸時代からさまざまな説が唱えられてきたが、南北朝期後半とするものが多い。南北朝期であれその後であれ、足利政権が、南朝の雄とも言える北畠氏を要地浪岡（後述）に置くとなると、かなりの政治力とタイミングが必要である。ちなみに伝承では、浪岡入部当初に拠ったところが、浪岡城南東に

あった吉内館そして源常館だったという。

　発掘調査により、現在残る浪岡城が築かれたのはちょうど応仁の乱の頃、15世紀中葉だということはわかった。南北朝合一（1392年）後、およそ100年の間、津軽では安藤氏と南部氏との争い（安藤・南部戦争）が繰り広げられるが、この間の浪岡北畠氏の詳しい足跡はみえない。歴史上、再び登場するのはこの後のことである。確かな記録では、1529年に北畠具永が、今の青森市浪岡五本松地区に京徳寺を建てた（現在、弘前市西茂森）というものが最古である。

　ところで北畠氏は、親房三男顕能の末裔が伊勢国におり、伊勢国司家を名乗っていた。この伊勢北畠氏と浪岡北畠氏のみ、当主の初爵とともに「侍従」に任じられている。侍従は相当する官位が従四位下であり、織田豊臣政権下では武家も任じられたが、本来は貴族身分のみが得られるものであった。浪岡北畠氏は、京都の貴族、山科言継と交流があり、その日記『言継卿記』には、浪岡に関する記事が10回以上も載せられている。叙位任官に関するものが多く、その内容から他の武家とは異なる、公家としての扱いを受けていたことが分かる。

● なぜ浪岡が本拠地となったのか？

　では、浪岡北畠氏の本拠地、浪岡と浪岡城についてみていこう。

　まず、なぜ浪岡が本拠地として選ばれたのか、ということである。背景には、鎌倉時代から安藤氏が「蝦夷沙汰代官」のち「日の本将軍」として握っていた、「東夷成敗権」（蝦夷沙汰）と言われる、アイヌ民族および交易を支配する権能があると考えられる。南部氏がぜひとも得たいものでもある。

　北畠氏を擁立したのは、この南部氏を中心とする勢力の可能性が高いが、幕府の立場からすると北奥羽・蝦夷地を安定支配するためには、蝦夷沙汰を実行する津軽の安藤氏も糠部の南部氏も両立させたい。そ

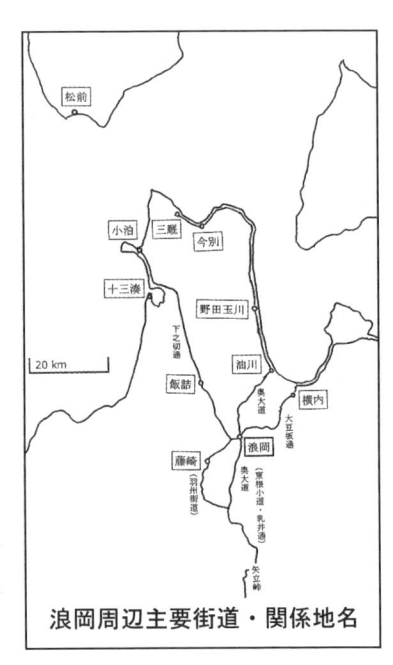

浪岡周辺主要街道・関係地名

の両者を緩衝する形で、かつての陸奥守（介）鎮守府将軍末裔である北畠氏を「御所」として置けば、ある程度の均衡が保たれる、ということで了承したのではないか。ただし、浪岡北畠氏は中立という訳ではない。既述の通り南部氏との歴史的つながりが強く、当時は一種の庇護のもとにあったと考えられるので注意が必要である（それは、浪岡支配地の城館に南部氏家臣が深く関わっていたことからもうかがえる）。

　次に地政学的に見ると、浪岡は津軽坂（鶴ヶ坂）を挟んで、北方世界への入口「外浜（そとのはま）」に対置する「境界の地」であった。また、奥大道（おくだいどう）（東根小道・乳井通）、高田、横内へと続く大豆坂通（まめさか）、十三湊へ続く下之切通、藤崎へ向かう近世羽州街道など、名称は変わるが当時の主要な街道がいくつも結節する交通の要衝に当たる。発掘調査では、浪岡城内館から、浪岡北畠氏以前の堀や平安期末、奥州藤原氏時代の「かわらけ」（素焼の盃）も出土している。津軽は鎌倉時代、北条得宗領であり、代官は安藤氏であったから、藤原氏、安藤氏関係の施設や町場が北畠氏入部以前にあった可能性が高い。また浪岡城内館の堀からは、アイヌ民族の使用する骨角器が出土しており、浪岡北畠氏が蝦夷沙汰に関わっていた証左と考えられる。

　ところで、中世幹線道路である奥大道の終点は、北畠氏が支配する湊町「油川」であり、北方世界へと通じる湊であった。ここにあった油川城は、浪岡城に似た居館型の城で、地籍図などから方形の区画があった可能性がある。このこと

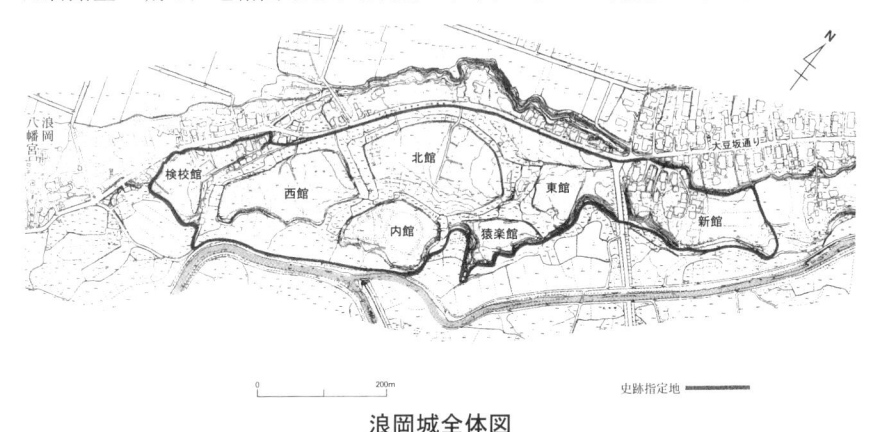

浪岡城全体図
飯村均・室野秀文編『東北の名城を歩く　北東北編』（吉川弘文館、2017 年、19 頁より転載）

から、油川城はアイヌ民族との儀礼の場所でもあったと想定することもできる。また、外浜の主要港湾を押さえていた北畠氏は、高価な出土品から北方世界とはもちろん、上方との交易によっても大きな財力を蓄えていたと考えられる。

16世紀後半には、松前にいた下国安藤氏家臣の蠣崎慶広に、船着き場として「野田玉川」を与えたとされるし（『新羅之記録』）、油川熊野権現宮や今別八幡宮の修築を示す棟札など、外浜支配の痕跡も残る。

● 浪岡城と中世都市「浪岡」

浪岡城と都市「浪岡」は、どのような特徴をもつのだろう。

まず16世紀半ばの浪岡領については、浪岡北畠氏が、1565年頃にまとめたとされる『津軽郡中名字』などの史料によると、おおよそ旧浪岡町周辺、外浜一帯、藤崎から十三湖に通じる岩木川下流域の北津軽方面とされる。

西館の中土塁から内館を見る。右奥は浪岡川

浪岡城を概観すると、城域東西約1200m、南北約350mあり、内館・猿楽館・東館・北館が主要部分で、これを取り囲むように、西館・新館・検校館・外郭が付随する。そして、大豆坂通が外郭内を通る。緊急時に、街道を閉塞することも想定していたと考えられる。

「浪岡城址」碑。右は検校館に進む大豆坂通

内館からは、礎石を伴った建物が確認され、「御所」のいた場所と考えられる。北館は整然と屋敷割がなされ、街路が通っていたことがわかっている。

東は「加茂社（現：加茂神社）」、西は浪岡八幡宮が、この城域や町を守るように置かれている。南側には、「牛頭天王社（現：広峰神社）」が鎮座する。加

茂社の南には「春日社」があったという伝承があり、牛頭天王社は祇園社のことであるから、京都の街をイメージしたのだろうか。寺院は、「行岳山西光院」が古く、法然上人の直弟子、金光上人が開基と伝わる。ちなみに山号の「行岳」は、『津軽郡中名字』では、「なみおか」の本字であるという。他に、既述の京徳寺は、加茂社の近くにあった。

　町場はやや離れて南西に「九日町」、そこから東に「川原町」、「四日町」と続いていた。ここは浪岡城から見て浪岡川と正平津川を挟んだ微高地にあり、北畠氏以前に成立していた可能性がある。加茂社のところに「七日町」があったとされるが、これは新館とともに北畠氏入部後に形成されたようだ。中世城館の町場はこのように、城郭と離れている場合が多く、油川城も同様である。

● 浪岡北畠氏の滅亡

　浪岡の平和も長くは続かなかった。その契機は「川原御所の乱」である。1562年、浪岡御所の一族である川原御所北畠具信は、浪岡御所北畠具運を殺害し、自らも返り討ちに遭い命を絶たれた。

　後を継いだ新御所北畠顕村は、下国安藤愛季の娘と姻戚関係を結び、勢力の安定を目指した（時期は不明）。

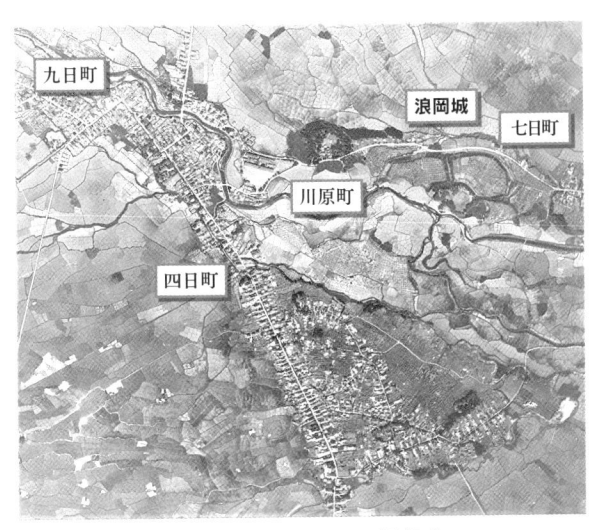

浪岡城周辺の主要町場想定
（地図・空中写真閲覧サービス（国土地理院）の「USA-R1406-45」1948 年撮影をもとに作成）

下国安藤氏はこの時、三戸南部氏とともに「京都御扶持衆」として幕府から屋形号を称することを許され（檜山屋形）、室町将軍家と直結する家柄となっていた。

　そのような折、先述した浪岡北畠氏の同族で当時は宗家筋と考えられる伊勢国司北畠氏は、1567 年から織田信長の侵攻を受けていた。

ついに 1569 年に降伏し、信長次男を養子とした。後に小牧・長久手の戦いで豊臣秀吉と争う信雄である。家督篡奪が目的であったが、戦略上「北畠の家格」が不要となると信長は、隠居させていた前の当主北畠具教を自害に追い込み、信雄が名乗っていた「具豊」という名をも捨てさせ織田を名乗らせた。ここに、伊勢国司家は完全なる滅亡となっ

伝：浪岡北畠氏墓所
（青森市浪岡大字北中野五倫）

た。この事件を知った当主顕村の驚愕と落胆ぶりは、いかばかりであったろうか。

　そして、顕村自身の滅亡は、大浦（津軽）為信の攻略により突如もたらされた。1578 年 7 月 20 日未明、為信は総勢 2 千余人の軍勢で、3 方向から浪岡に侵攻したのである。戦いは、その日の昼頃には決着がつき、最後の御所北畠顕村は囚われの身となった。その後、望みの場所へ送り届けるとの為信側の申し出に、妻の実家である「秋田」（檜山）を希望したところ、哀れその道中で切腹させられたという。下剋上の世とはいえ、5 年前（1573 年）の室町幕府の滅亡に続き、その一翼であった北奥の秩序「浪岡御所体制」も、大浦為信の手により終わりを告げたのである。

　この事実を知った、顕村岳父である安藤愛季は、すぐさま軍勢を津軽に差し向けた。翌年も乳井茶臼館等に依拠しながら、平賀郡六羽川で為信勢を攻めた。この軍勢に北畠一族や南部勢なども加わり、為信にとっては死に直面するような危機的な戦いとなった。一方で、愛季の主目的とされた、浪岡城奪還は果たせなかった。その後、三戸南部方では、当主南部信直弟・政信を浪岡城におき、「波岡政信」として津軽郡代の役目を果たさせた。為信はせっかく手に入れた浪岡城を明け渡し、政信に従ったという。はたして、こんなことがあったのだろうか。

　このあたりの大浦（津軽）側と南部側との記録は錯綜しているが、為信は津軽切取りを目標にしつつも、未だ支配が安定しない中、浪岡奪還を繰り返し狙う安藤愛季に抗しきれず、一旦は南部氏と和睦したとされる（愛季は、蝦夷地松前にいる家臣、蠣崎季広に命じて、浪岡北方からも攻撃させている）。

　ところで、浪岡御所滅亡後、実は織田信長は、その後継者として安藤愛季を考えていたといわれる。そのため信長は、愛季を貴族身分である侍従に推挙し、実際に 1580 年に任じられている（内実は、朝廷への強引な働きかけ）。これは、蝦夷沙汰を念頭においたものであったが、1582 年、本能寺の変での信長横死、その 5 年後の愛季死去に伴い霧消した。

　さて、浪岡御所は滅亡し嫡流は途絶えたが、一族は南部や秋田に逃れた。その中でも、安藤愛季に仕官した北畠慶好は、新城である男鹿半島脇本城の重要な一角を与えられ、所領も厚遇された。その後の豊臣政権との交渉事や軍事賦課に対しても差配したという。後に、秋田（安藤）家の常陸国転封に伴い移住するも、江戸期を通じて家は存続する。そして、津軽などに残る一族とともに、脈々と刻まれた北畠氏の歴史を後世に伝えたのである。

（佐藤一幸）

【もっと知りたい人のために】

　浪岡城や地域の歴史を知るには、「青森市中世の館」を訪れるとよい。

　1977 年から始まった発掘調査で得られた貴重な遺物や情報が、分かりやすく展示されている。

　また、国史跡「浪岡城跡」は、公園として整備され、南側に案内所がある。ここから散策コースが始まり、猿楽館・東館・北館・内館をめぐることができる。一部が整備復元され、立体模型もあり説明が詳しい。北館は屋敷割の様子がわかり、往時を偲ぶことができる。

青森市中世の館

　青森市中世の館　　青森市浪岡大字浪岡字岡田 43　TEL：0172-62-1020

＜参考文献＞

大石直正・入間田宣夫・遠藤巌・伊藤喜良・小林清治・藤木久志編『中世奥羽の世界』東京大学出版会、1978 年

石井進監修『北の中世』日本エディタースクール出版部、1992 年

長谷川成一・村越潔・小口雅史・斉藤利男・小岩信竹『青森県の歴史』山川出版社、2000 年

『浪岡町史』第 1 巻・第 2 巻　浪岡町、2004 年

7．弘前城下 —江戸時代前期のお城と町場—

☞ **教科書では**

　関ケ原の戦いに勝利した徳川家康は、征夷大将軍となって江戸幕府を開き、秀忠、家光は政治機構を整えながら幕藩体制を確かなものにしていこうとする。各大名は、幕府同様に家臣、領民への支配を強固にしていく。こうした支配体制を支える中心が、城郭であり城下であった。一般に「城下町」の語が使われるが、江戸時代は「城下」と呼んでいた。弘前では、藩政期の街路と町名が、時代の変遷を経てもなお、ほぼ現在も踏襲されている。これは全国的にも大変に珍しい。このため、古町名地図が小学校の教科書にも採録されている（『新しい社会6（上）』東京書籍）。ちなみに、教科書に出てくる「一国一城令」は、主に西日本の大名に発令されたものである（白峰旬『日本近世城郭史の研究』校倉書房 1998 年）。したがって、東北地方には原則として関わりがない（秋田藩、仙台藩などの城館制度が一例）。

● なぜ弘前に五層の天守をもつ巨大城郭が？

　弘前城天守を観た観光客は、「これ、三階建ての櫓じゃないの？」というかもしれない。しかし築城当初は、壮大な五層の天守だった。これは、城郭共に石高に見合わぬ巨大なものだ。

　今から 200 年ほど前、現在の天守を築いた時には10万石になっていた弘前藩も、その数年前までは4万6～7千石の表高であった。しかし弘前城は、15

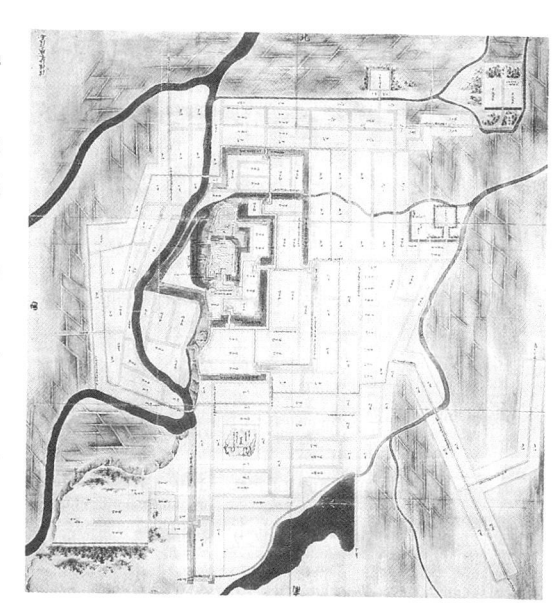

『津軽弘前城之絵図』（正保の絵図）
国立公文書館蔵

万石程度の大名居城に相当する。他に東北地方で五層天守のある城郭は、豊臣政権時より奥羽支配の拠点であった会津若松城だけである。弘前城は、北方世界への入口外浜（そとのはま）を臨む本州最北の近世城郭であるため、「北狄（蝦夷）（ほくてき）の押さえ」の役目を、また隣接する名族、三戸（盛岡）南部氏と秋田佐竹氏に対する牽制の役割を期待され、徳川政権から特別に扱われたと考えられる。こうした弘前城の特異性は、島原・天草一揆で知られる島原城と類似している。

● 弘前城は、本当に1年で作られたのか？

そもそも近世の城下とはどのようなものか。簡単にいえば、城郭に付随する町場のことであるが、中世では一部を除き、城郭と町場が一体ではなく別構造であるのに対し、近世では計画段階から有機的に結びつけてつくられている。

日本各地の城下は、構造的には一般に「天下の総城下」と言われる江戸と基本的に類似するものであり、大名の城郭を中心として、武家地、町人地、寺社地などが配置されるが、城郭と隣接しほぼ同心円状に広がることが多い。その特徴は、住人の職業・身分ごとに居住地が定められ、この違いを町自体が表象することにある。また、城下は領内の町場、海や川の湊（弘前では現在の浜の町）と結節しながら、領内経済を支える原動力となるものでもあった。

ところで、一般に「弘前城は1年でできた」といわれている。他の大名の城郭では、完成までに少なくとも6～7年はかかっているが、はたして1年ほどでの築城など可能なのだろうか。

18世紀初頭に編纂された弘前藩の官撰史書『津軽一統志』の記録では、弘前城は幕府検使の検分を得て1610年2月築城開始、翌1611年5月に概ね完成する、となっている。実は、18世紀末年に編纂された『津軽編覧日記』には、1603年に町割りを始めたこと、また、19世紀初頭編纂の『封内事実秘苑』には、1606年5月に町屋ができ、引っ越す者に米を与えた、という記述がある。これらによると、城郭が完成する8年前に町割りを始めて、5年前に町場ができていたということになる。

また、盛岡藩士が19世紀に編纂した『聞老遺事』収録の「石井三庵手簡」に、「津軽殿」が幕府に築城許可を願い、検使2名が弘前に来て許可を出した、という津軽側と同様の記述がある。ところが、これが1604年秋のことになっているのだ。

これらの記述が正しいとすると、申請者は2代藩主津軽信枚ではなく初代藩主津軽為信で、徳川政権に町割りと築城の許可を願い、実際は1603年に着工して1604年に検使が見分に下向した、と解釈できる（『国史大辞典』は1603年に起工、としている）。この「1年築城」の話には、政治的意図が見え隠れする。ともあれ、1611年6月に、家康の姪で養女の満天姫が、在国の信枚に輿入れしているので、同年の5月に城郭が完成していたことは確かだろう。この後、1613年「南溜池（現：弘前大学医学部南塘グラウンド）」の掘削、築堤と、1614年「茂森（重森）山」（現：森町付近）の引き崩しが行われる。

茂森山は崩された後の絵図にもまだ「山」として表現されているから、削平前はかなりの高さだったと推測される。次いで、1615年からは長勝寺構（現：禅林街）と茂森町との間に堀と土塁を作る工事が開始され、城下の骨格ができあがった。

● 弘前城と城下のプランは？　そして、なぜこの場所なのだろうか？

さて、弘前城・城下のプランはどのようなものであったのだろう。いずれも1640年代作成で現存最古級の『津軽弘前城之絵図』（以下「寛永の絵図」と略す）、『弘前古御絵図』（同じく「慶安の絵図」）などを参考にみていこう（本章冒頭の絵図は「寛永の絵図」と同様のもの）。

まず、城郭であるが、城地は久渡寺山から伸びる台地の北辺に位置する。御本丸（御本城）、小丸（内北郭、御北ノ丸、北の郭）、二の丸、三の丸、袰町（四の郭）、西の郭、西外郭（後に郭外に。現：馬屋町）で構成される（二の丸、三の丸以外は、絵図によって呼称が変化する）。

このうち、石垣を用いるのは本丸のみである。この石垣も、本格的なものは北側と南側だけであり、東側は南東の櫓台（現：天守台）と北東の角落とし（鬼門除け）付近のみで途中にはない（この部分は、元禄期になってから石垣が築かれる）。現在の西濠は岩木川（樋ノ口川）として、樋の口浄水場付近で駒越川（現：岩木川）と分かれ、今の栄町付近で合流していた。

城内の本丸には御殿（政庁と藩主の住まい）が置かれ、隣接する小丸には藩主の母などが屋敷を営んだ。二の丸、三の丸には家老クラスの重臣や高禄の家臣が住み、現在の四の郭は、「袰町」とあるから、袰衆、つまり藩主の親衛隊

的な家臣がおり、亀甲門（北外門、初期の追手門）を守っていた。

　本丸南西角には、城のシンボルである白亜の五層天守がそびえ、北西には戌亥櫓、現在天守がある東南角には辰巳櫓があった。残念ながらこの天守は、1627年9月、落雷により焼失している。この際、中にあった火薬が爆発したため、本丸も含め甚大な被害であったと思われる（白壁などが、賀田、高杉にまで飛来したという）。災いを払い吉祥を願ってか、この翌年、地名が「高岡」から「弘前」に改められている。ちなみにこの時の天守台は現存しておらず、現在のものは本丸未申櫓台として元禄期に積み直したものである。

　ところで、この都市計画を行ったのは、初代為信の軍師、沼田面 松 斎と伝えられる。それは陰陽道と風水に基づくもので、京都や江戸などの都市でも行われており、特に戦いに関わる戦国大名は、呪術的な要素を重視した。

　基本的な考え方は、「四神相応」の地こそ安泰な場所である、というもので、北の玄武（山）、南の朱雀（沢畔）、西の白虎（大道）、東の青龍（大河）に囲まれた土地を選ぶ。弘前もこれに適う土地であり、例えば土淵川が青龍に当たるとされるが、見立て上のことなので、どれが四神に相当するかは諸説ある。もちろん「鬼門」も意識し、鬼門封じに神社仏閣を設置したり、城郭などでは石垣や土塁角をへこませたりする。京都御所の築地塀なども、同様に工夫されている。

　では、そもそもなぜ現在の場所が城地に選ばれたのか。忘れてならないのが、古くから信仰の対象とされた「御山」、霊山岩木山と種里城との関係であろう。

　本丸から岩木山を望むと、山頂の岩木山三所大権現奥宮（現：岩木山神社奥宮）があり、その先には、津軽氏祖南部（大浦）光信の廟所がある鯵ヶ沢町の種里城がある（藩が管理。国指定史跡）。驚

種里城－弘前城ほか関係図
（国土地理院 Web 地図をもとに作成）

くべきことにこの3点が、一直線に並ぶのである。それだけではない。為信は1608年に死去するが、後にこの線上に津軽山革秀寺が建立され、ここに霊屋がおかれた。1609年には、津軽真言五山のひとつであり、為信が信仰した勝軍地蔵菩薩等を祀る愛宕山大権現（愛宕山橋雲寺）が、また1615年には、為信の崇敬あつく、面松斎の墓や大仏が造立される光明山誓願寺が、この線の下に移転を完了するのだ。またこの線は、為信が移転・改称したという護国山観音院（現：久渡寺。同じく津軽真言五山）から弘前城を通り、北の梵珠山へ伸ばした線と直交もしている。ちなみに、1711年に創られた4代藩主信政を祀る高照神社は、この種里城からの線とは南に1.5kmほどずれるが、実は愛宕山（橋雲寺）と百澤寺（岩木山権現の別当寺、現：岩木山神社）を結ぶ線上に位置している。このことからも、当時の人々が寺社等の宗教的ラインを強く意識していたと考えることができる。

　一方、その加護を受ける側の弘前城下では、城と城下の裏鬼門を守る長勝寺構と本丸旧天守、二の丸の館神（城の守護神）が直線上に並んでいるなど、町と城とを守るネットワークがみえてくる（もと城内にあった伊勢大神宮（現：神明宮）は、天守が焼けた後に、この長勝寺からの線上である現在地に移転。城郭本体の表鬼門に相当）。風水や神仏祖霊の力を信じる当時の人たちは、宗教的かつ呪術的に守られる町づくりを考えたのである。

　聖地種里城と、津軽に住む人々の精神的支柱と言える岩木山頂を結ぶ線上であり、久渡寺山から伸びる台地の先端である好適地、これが弘前が選ばれた理由のひとつだったのではないだろうか。

● 弘前城下を守る「惣構」と人々の暮らし

　さて、実際の外敵からも城下を守らなくてはならない。近世城下には、周囲を堀（濠）や土塁で囲んで敵に備える、「惣構」をもつものが多かった。惣構の名を天下に知らしめたのは、後北条氏である。その拠点小田原は、惣構をもつ城・城下の典型として、大いにその威力を発揮した。

　弘前にも、一部に自然河川を利用するが、二重構造ともとれる立派な惣構があった。それはどのようなものであったのか。「寛永の絵図」から見てみよう。

　まず、西の防御ラインは駒越川（現：岩木川）が守り、北は南北に流れる岩

木川（現：西濠）から分けた堰を真東に曲げ、東西に直線で流して濠としている。この堰に沿って弘前八幡宮が城下の北東（表鬼門）を守る。境内自体が濠と土塁で囲まれ、まるで出城の趣きである。

茂森町に残る巨大な土塁（現状で高さ6～7m）

　東を守るラインは、土淵川であり、和徳（二階）堰との合流点に東照宮・薬王院をおいた。南のラインは、寺沢川、これをせき止めた南溜池が守る。この溜池に沿う形で、内側に土塁がめぐらされている。この土塁は茂森町南端で北に向きを変える（茂森町の土塁）。南西（裏鬼門）に位置する長勝寺構も、緊急時の防衛を担っている。この茂森町の土塁は、堀と併せて長勝寺側と内側の町場を区切るとともに、城下の中心部を二重に守るとみることができる。また、当時の城下の西は誓願寺周辺を限りとしていたが、茂森町と同様の土塁があり、境内の北と西を囲みながら、現在の弘前工業高校グラウンド付近に向かって真南に延びていた（誓願寺構）。このように、城下は軍事面でもしっかりと守られていたのである。

　ところで、近世初期には、日本のあちこちでかつてない城と町づくりをしている訳であるから、人材や資材は大きく動き、かなりの活況を呈していたことは想像に難くない。豊臣秀吉の天下統一や朝鮮出兵、関ケ原の合戦以後、戦いの場を離れた多くの人々が、仕官先や仕事をもとめて、各地方に向かったと思われる。また、領主から招かれた商人や職人もたくさんいたことだろう。

　幸いなことに「慶安の絵図」には、当時住んでいた人たちの家ごとに、出身国名を示す屋号や職業が記されている。これを見ると、北陸、中国、近畿、東海方面の国名や都市名を屋号にもつ人たちの割合が高い。各地から多くの人々が、この弘前にやってきたのだ。また弘前城下には、その町名から領内各地にあった町場が移転していることがわかる（大浦町など）。寺社もその由緒書や縁起から、その多くが各地から集められたことが明らかだ。

　それでは、弘前城下に住む人たちは、どのような暮らしをしていたのだろう。

町人の職業を「慶安の絵図」から、一部見てみよう。まず驚くのは、たばこ関係の店の多さである。町屋 1000 軒ほどの中で、たばこ屋とたばこ作りを合わせて 80 軒ほどにもなる（現：茂森町に集中）。江戸中期の藩のお触れでも、藩士が庭でたばこを育てることを規制しているほどだから、たばこが当時からいかに広まっていたのかがわかる。

　生活に不可欠な食料品関係では、居鯖屋（魚屋）、青物屋（八百屋）、豆腐、索（素）麺、菓子屋などの店が並ぶ。荒物、本、箸を売る店もある。一番多い店が紺屋（染物屋）で約 140 軒、風呂屋も 5 軒あった。武士の住む町だけに、武具を扱う弓師、鞘師、鉄砲屋もあった。ほかに、狂言師、茶頭、船頭などもいた。山師、金堀、木挽きなど鉱山や林業関係の人が城下にいるのも興味深い（「慶安の絵図」を見る限り、実際の町名と職業身分の区分けはそれほど厳密ではない）。

　また同絵図からは、町々の境に木戸が設けられていることが分かる。木戸ごとに番人がおり、夜間に提灯を持たぬものは通さない、などの規則があった。

　町の行政は、町奉行が取仕切ったが、その下には町親方（のちに町年寄）、町大組頭（のちに名主）、町小組頭（のちに月行事）、組子などの町役人が、各商人・職人には、「いさば頭」などと呼ばれる責任者が置かれた。

　町親方を務めたのは、藩政期を通じて、ともに近江国出身の松井家、松山家 2 家で、月交代で業務を担当していた。内容は、訴訟の受付、町触れ、関所手形の発行などのほか、警察業務の一部も担当したようだ。元「きりしたん（切支丹・切死丹）」を父にもつ娘が死亡したので検分した、という記録もある。

　教科書にあるキリシタン改めも業務であった。余談だが、2 代藩主信枚は、キリスト教の洗礼を受けていた（『イエズス会日本報告集』）。また 1614 年の幕府の命令では、各藩の命に従わないキリシタンは「津軽に追放」という内容のものが出されている。

　さて、当時の人々が住む町にはどのようなものがあったのだろう。「慶安の絵図」をもとに以下に示そう。

城下を示す古町名標柱

城東＝大浦町、大浦町下町、黒石町、黒石町下町・畳屋町、くろうづ（蔵主）町、
　　　くろうづ町下町・御小人町、座頭町、座頭町下町・御小人町、八幡町、
　　　八幡町下町・御小人町、横町、上長町、下長町、寺町、侍町
城南＝　銀　町、親方町、大工町、鍛冶町、侍町、銅屋町、新かち（鍛冶）町、さや
　　　し（鞘師）町、しわく（塩分）町、しわく町うら町、茂森町
城西＝紺屋町、本紺屋町、新紺屋町、侍町、五拾石町、荒（新）町、御馬屋町、
　　　本百石町、鷹匠町
城北＝亀甲町、御陸町、博労町、御小人町（以上、町名が記されている町）

　ところで、町としては表現されていないが、穢多非人身分（乞食）の人々も
いた。1678年の弘前藩庁の記録（『国日記』）に「穢多屋敷を移す」という文
言がみえる（詳しくは、『青森県史通史編2　近世　第3章』を参照）。

　初期城下については以上のような構成であった。この後も、新たな町立てを
行ったり町名や区割りを変えたりしながら藩政期を通じて変遷を続けた。現在
へと続くこれらの古町名は、弘前のみならず全国の貴重な財産である。

　なお、旧城下を散策するには、町名の由来などを示した古町名標柱を見つけ
るとよい。中には検討すべき内容のものもあるが、当時の様子を想像しながら
歩くのは楽しい。現在残る古町名等のうち、41か所が紹介されている。

● 大きく変わる城下

　江戸時代中期、延宝から元禄期にかけて、弘前城下は大きく変貌する。ここ
では、親方町を例にみてみよう。まずは珍しいその町名であるが、親方町の名
は、先に述べた「町親方」に由来すると考えられる。のちに一般的な「町年寄」
という呼び方に変わってしまうが、当初はこのように呼んでいた。この町親方
の松井家、松山家の屋敷が、初期親方町の西端にあったのだ（次頁図参照）。

　現在の親方町は、概ね青森銀行弘前支店駐車場付近から東に下る通り（通④）
と養生幼稚園正門前から東に延びる通り（通③）を中心とする部分である。「慶
安の絵図」をみると、この通③は、弘前市立観光館地下駐車場入口に向かって
西に延伸しており（通①②）、その両側に短冊地割がなされ町屋が並んでいた。
この通①の部分に「親方町」と記されており、弘前市役所前川本館東側の広場
に松山家、これと観光館との間に松井家があった（のちに2度移転し、最終的に、
それぞれ東長町、本町へ転居）。これが、『弘前惣御絵図』（「延宝の絵図」17世

紀後半）では、通①から③まで順に「親方町一丁目〜三丁目」、通④は「上土手町」と記されている。この時点では、松井家が通①の南に移転し（松井家②）、外濠沿いの屋敷地（ア・イ）は、再開発の途中を示すように付箋が貼られている。

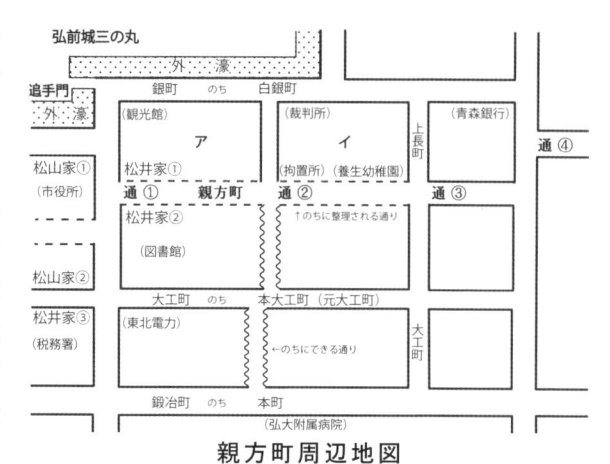

親方町周辺地図

これは、1677年に起きた親方町、しわく町、銀町の火災に伴うものと考えられる。

こののち、通①②両側の親方町は通りごと区画整理されて家臣屋敷や御用地となる（1795年には松井家屋敷跡①周辺に藩校「稽古館」が作られた）。また、親方町同様、市役所市民防災館部分で東西に延びていた「しわく町」も、通り共々3区画に整理され、重臣の屋敷地となる。

この再編は、親方町などの城南地区にとどまらず、城東地区にも広がる。それは、城郭内からの武家屋敷移転が進められたことによる。きっかけは、元禄の大飢饉である。この飢饉での餓死者は領内で3万人ともいわれ、藩の財政は極度に悪化した。これを改善するため、家臣を大量に解雇する「召し放ち」が行われたのである。その結果、城下には多くの空き屋敷が生まれた。この屋敷地を再編し、重臣を含む城郭内の家臣屋敷を段階的に外に移転したのが、「武家屋敷の郭外移転」と呼ばれる施策である。この結果、城郭内は最終的に、本丸・北の郭以外は、評定所などの政務機関を主とした御用地となった。これは、4代藩主信政治世のことで、領主権力強化の側面もあったと考えられる。

武家地のみならず、もともと町人地であった地域にも武家屋敷が移転したことで、城下は大きく変化した。郭外移転の後、城下は北東、南東を中心に次第に広がっていく。そして、惣構の施設は入り口や土塁・堀などが改変（撤去）されるようになり、新たに富田町、和徳町、紺屋町などに桝形が設けられた。これらの桝形は、平和な時代にあっては、防御施設というより一種のチェッ

クポイントであり、城下への玄関口であった。

　時代は下るが、参勤交代による藩主の国入りに際しては、城下各場所での出迎えの作法（身分と並び方）が決められていたようだ。『参勤道中記』という巻物史料によれば、「富田の桝形」（桝形交番附近）では、御用商人とともに「えぞ」（アイヌ）が出迎えている。領内にはアイヌ民族（本州アイヌ）がおり、彼らを支配していたことは、弘前藩の「北狄の押さえ」としての政治的主張であろう。

　以下、本文で触れなかった 17 世紀弘前城下の主な動きは、次の通りである。

○1649 年に寺町が火事で焼け、新寺町が取り立てられる（1650 年）。

○岩木川（現：西濠）を留め、駒越川（現：岩木川）の一筋にする（1682 年）。

○上町と下町を結ぶ西坂、新町坂に加え、新坂ができる（1686 年）。

　藩政期を通じて「お城」とともに政治・経済を動かし、文化を育んできた弘前城下は、住む人と形を変えながら、明治以降は近代都市として発展してきた。そして現在も、津軽の中心都市として大きな役割を果たし続けている。

（佐藤一幸）

【もっと知りたい人のために】

　弘前城、城下を散策しながら気軽に歴史の追体験をするには、弘前公園二の丸にある「弘前城情報館」が便利である。休憩所を兼ねており、「城と城下マップ」「津軽氏居城の歴史」「弘前城の築城」「弘前城の変遷」をテーマに、タッチパネル方式による展示を行っている。

　弘前城情報館　弘前市下白銀町 1-1　TEL：0172-26-5965

　絵図等については、弘前図書館ＨＰ「おくゆかしき津軽の古典籍」、国立公文書館ＨＰ等をご覧いただきたい。

<参考文献>

『絵図に見る弘前の町のうつりかわり』弘前市立博物館、1984 年

長谷川成一「慶安二年頃〔弘前古御絵図〕―若干の解説と復元―」（弘前大学人文学部特定研究報告書「文化における『北』」1989 年所収）

長谷川成一・村越潔・小口雅史・斉藤利男・小岩信竹『青森県の歴史』山川出版社、2000 年

小和田哲男『呪術と占星の戦国史』新潮選書、1998 年

荒井清明『奥富士物語の世界』北方新社、2001 年

8. 蝦夷錦の来た道 ―鎖国下の交易とアイヌ、津軽―

　江戸幕府は鎖国下の中で四つの窓口を通して異国、異民族との交流をもった。その一つが蝦夷地（北海道）に住むアイヌ民族との交易窓口である松前口（松前藩）である。アイヌの人々は遠く樺太（サハリン）や黒竜江流域の人々とも交易をしていた。その交易品の一つが蝦夷錦と呼ばれた絹織物である。松前口はアイヌ民族を介して、中国（清）ともつながっていたのであり、鎖国下の北方交易を考える上で、さらにはアイヌ民族の歴史を北東アジア世界との関係で考える上でも蝦夷錦は貴重な歴史資料といえる。

　津軽にも蝦夷錦がたくさん残り、アイヌの人々も住んでいた。しかし、本州におけるアイヌ民族については高校の教科書にいたってもほとんど触れられていない。

● 蝦夷錦は本当にアイヌ文化なの？

　蝦夷錦がよく知られるようになったのは、豊臣秀吉による第一次朝鮮出兵（文禄の役）の時である。1593 年、松前藩の初代藩主蠣崎（松前）慶広は、参陣した肥前名護屋（現佐賀県唐津市）で徳川家康に拝謁したとき、着ていた「唐衣（サンタンチミプ）」を家康に褒められ、直ちにこれを脱いで献上したと伝えられている。慶広にとって蝦夷錦は北の世界をイメージさせ、その支配者にふさわしい権力誇示のための衣装であった。

　家康に献上した蝦夷錦は、清朝への朝貢の見返りとして山丹人と呼ばれた黒竜江流域の民族に与えられた清の役人の衣服であり、18 世紀から 19 世紀にかけて行われた山丹交易によって、蝦夷地のアイヌを介して和人地・松前藩にもたらされたものである。それがどのような衣服であったかは、教科書にも掲載されている有名な「夷酋列像＜御味方蝦夷之図＞」によって知られる。

　この肖像画は、松前藩の家老であり絵師でもあった蠣崎波響が、1789 年に飛騨屋の酷使・横暴に対してアイヌが蜂起した、いわゆるクナシリ・メナシの戦いにおいて、松前藩に協力して蜂起を鎮圧させたアイヌの首長 12 人の姿を

描いたものである。豪華な蝦夷錦をまとった堂々とした肖像画であり、いかにもアイヌの首長の象徴的な衣装として蝦夷錦が描かれている。しかしそれはアイヌの首長の実態ではなく、着ている蝦夷錦は松前藩から貸し与えられたものであり、松前藩による作為的な演出、政治的な思惑によって描かれたものであった。

　肖像画をよくみると、洋風の外套を重ね、靴まではいているものもある。また蝦夷錦は衣服を左前に着る「左衽(さじん)」の姿である。いずれもアイヌ民族の風習ではない。深紅の外套は当時南下しつつあったロシアを強く印象づけるものであり、アイヌとの連携の可能性を危惧した幕府に対して、アイヌを従わせている松前藩のありようを主張しようとしたものであった。「左衽」は中華思想の影響を受けた日本が、自分たちは「右衽」、周辺の異民族は「左衽」とした蔑視観を反映したものであった。

蝦夷錦　龍文内敷（1858 年）
青森県立郷土館蔵（中泊町小泊旧家旧蔵）

　アイヌ民族は文字を持たない民族であり、自らを描くこともなかった。記録や絵画はすべて和人の手になるものであり和人側の意識のもとで作成されたものである。「夷酋列像」からは真のアイヌ文化はみえてこないのであり、アイヌ民族にとって蝦夷錦がどのようなものであったかもみえてこない。アイヌ絵に描かれたアイヌの衣服（ハレ着）は、次第に蝦夷錦から陣羽織、そして羽織や上下（裃）へと変化していく。これは、蝦夷地直轄化にともなう身体風俗の強制的改変、日本人化（月代・髯・髭剃り等）と不可分の関係にあり、アイヌの人々の経済的・政治的な和人への従属を背景としたものであった。

　蝦夷錦の需要は和人側にあったのであり、その多くは和人との交易によってアイヌ社会から流出していった。イオマンテ（熊送り）はアイヌ民族の信仰を代表するものであるが、そこでは蝦夷錦は何の役割も果たしていない。しかも幕府は 1809 年、山丹交易を樺太の白主会所(しらぬし)に限定し、幕府が直接管轄するこ

ととした。以後、蝦夷錦はアイヌの手を経ることなく和人にもたらされることになったのである。蝦夷錦はアイヌ社会に根付くことはなかったのであり、外から来てまた外へ出て行くだけのものだったのである。

● 青森県内の蝦夷錦の数は北海道よりも多い？その特徴は？

　現在、北海道で約30点、青森県内では33点の蝦夷錦が確認できる。全国的な所在調査はなされていないが、その数は100点を超えることはないとされ、青森県内所在数は北海道と同様、少なくとも全体の約3割を占める。点数がはっきりしないのは蝦夷錦かどうかの判断が難しいからだ。本来、中国との窓口は長崎であり、蝦夷錦と同じ中国の絹織物は長崎経由でも日本にもたらされている。1854年の箱館開港後についても同様である。多くの中国商人が箱館にやってきており、函館経由で龍文の服や布が持ち込まれた可能性も高い。しかしそれらは「蝦夷錦」とは呼べないものの、文様や材質などにおいては、それが北方からもたらされた蝦夷錦と区別しがたいのである。

　蝦夷錦かどうかは、実物にまつわる歴史的背景、および来歴が大きな判断材料となるのであるが、青森県内所在の蝦夷錦にはそれが確認できるものが多く資料的価値が高い。本来あった所在地別にみると、佐井村9点、大間町3点、下北半島（市町村名不明）2点、野辺地町2点、外ヶ浜町三厩1点、中泊町小泊3点、五所川原市市浦2点、鰺ヶ沢町5点、深浦町5点、弘前市1点。本来の所蔵者別では2団体2点、個人9人16点、寺院9ヶ寺15点。個人9人の内5人（佐井の松谷＜松屋＞・佐井の能登＜能登屋＞・大間の武内＜伝法屋＞・野辺地の野坂＜鱗丸＞・小泊の磯野＜播磨屋＞）が廻船問屋を営んだり漁場を経営している。寺院は、浄土真宗6ヶ寺10点、真言宗3ヶ寺5点（明治後浄土宗1ヶ寺1点）で浄土真宗が大半を占める。真言宗寺院

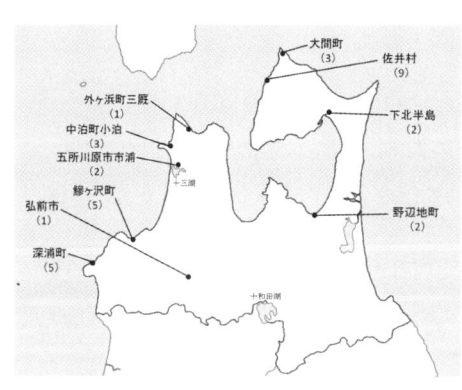

蝦夷錦の青森県内所在分布図
・所在地は本来の所在地　　・（　）内は点数

は、海上安全等の祈願寺として海運に携わった人々との関係が考えられる。藩別では弘前藩領が 17 点、盛岡藩領が 16 点とほぼ半々。弘前藩領では弘前を除けば日本海側を中心とした沿岸部、盛岡藩領では藩の物資積出港の野辺地と下北地域に限られ、いずれも近世蝦夷地と関わりの深い湊のある地域である。

　蝦夷錦の形態は、打敷・水引・裂裟・戸張など、仏具に加工されたものが大半（25 点）であり、文様は龍文か牡丹文であるが牡丹文（20 点）が多い。

　蝦夷錦の制作年代や本州にもたらされた時期の確定は、山丹交易の実態を探る上でも重要である。直接的にこれらを示す記録が少ない中で、青森県内所在の蝦夷錦には墨書や関連記録のあるものが全体の 3 分の 1 以上の 12 点にのぼり、その意味でも青森県内所在の蝦夷錦は貴重なものとなっている。ここで確認される年代は 1782 年が最も古く、1861 年が最も新しい。他も恐らくこの間のものと考えられる。関根達人・柴正敏氏の研究でも、赤地牡丹文蝦夷錦を分析対象としたものであるが、それらがもたらされた年代は 18 世紀末から 19 世紀中葉であるとする。特に幕府が山丹交易を樺太白主会所で直接管轄するようになった 1809 年以降は、赤地牡丹文蝦夷錦が交易の主流となったとし、青森県内所在の蝦夷錦の資料年代を裏付けている。

　このほか、制作年代が限定できるものに、大間の廻船問屋武内家に「蘇州職造臣舒文」と文字の織り込まれた蝦夷錦 (龍文打敷) がある。蘇州職造とは清の官立の織物工場であり、舒文がそこの長官であった時期に制作されたものだとすることができ、その時期は、1771 〜 77（乾隆 36 〜同 42）年頃であるとされている。それからどのくらいの年月を経て武内家のもとにもたらされたのかは明確にしえないものの、現段階においては、青森県内所在の 33 点の蝦夷錦は、1782 年から 1861 年の間に青森県域にほぼもたらされたものと考えられる。

● どのような人たちが津軽に蝦夷錦をもたらしたのか？

　津軽・下北両半島を中心とする北奥地域にも本州アイヌと呼ばれるアイヌ民族は住んでいた。しかし、蝦夷錦がアイヌ文化として根付かず、また弘前・盛岡両藩の直接の支配下にあったことから、彼らが蝦夷錦の流通に関わることはほとんどなかった。

　青森県内所在の蝦夷錦の特徴のひとつは、打敷などの仏具に加工されて寺院

に寄進されたものが多いということである。全部で15点あるが、このうち寄進者名が分かる8点をみてみると、地元もしくは青森県内の人物と考えられるのは3点であり、いずれも廻船問屋や船頭など廻船関係者である。これ以外はすべて松前の人たちであった。

　これら松前の人たちと寄進先との関係の多くは、松前に移住した人との関わりによるものであり、その関わり方のひとつは縁者の菩提寺への寄進であり、もうひとつは寺院の有力支援者による寄進である。松前の伊達氏（伊達林右衛門家）が三厩の義経寺に牡丹文戸帳を寄進したのは、義経寺が松前渡海や海上安全の祈願寺として海運業者から信仰されていたからである。伊達氏はマシケや樺太などの漁場を経営した場所請負人で、幕府の蝦夷地御用取扱や松前藩御用達なども務めた家柄である。政治的にも経済的にも蝦夷錦を入手できる立場にあった。

　松前の人々が青森県内の寺院に蝦夷錦を寄進するようになった背景には、松前・蝦夷地への大量の出稼ぎ民衆の存在があった。蝦夷地の商品生産地化と場所請負制の広汎な展開を大きな背景として、18世紀後期以降、いわゆる「松前稼」として多くの北奥民衆が蝦夷地に入り込んだ。彼らの多くは帰村と出稼ぎを繰り返したものの、そのまま移住した者も多かったようである。そして、彼らと結びつきのある菩提寺への寄進が行われるようになったのである。

　民衆の移動を促進したものに蝦夷地警備がある。蝦夷地警備に関わっての渡海人数は、弘前藩、次いで盛岡藩が多いが、弘前藩をみると蝦夷地警備に本格的に従事した1797年から1821年までの渡海人数は24年間で7747人にのぼっている。これら渡海者の多くはなかば強制的に動員された百姓・町人・職人たちであった。

　19世紀に入ると、労働力の移動・往来はもはや日常的であり、津軽海峡の往来は、蝦夷地警備・出稼ぎ・地域間交易などが絡みあいながら、重層的な様相を呈するとともに、より一層強固な地域的結びつき・一体化が実態としても民衆意識としても進んでいった。青森県内所在の蝦夷錦の多さの背景には、この地域的一体化があったと考えられる。確認できる蝦夷錦をみる限り、この地域的一体化の中にいた出稼者、蝦夷地警備に動員された人々、廻船問屋などの交易従事者らによって、蝦夷錦は青森県域にもたらされたのである。なお、藩

主家の津軽・南部氏やその家臣団が松前・蝦夷地において入手したものもあったと推測されるが、いまだ確認はされていない。

● 四つの窓口（幕府の鎖国制度）と九つの窓口（弘前藩の九浦制度）

　江戸幕府は鎖国政策を展開する中で、交渉相手国を限定し、その窓口もそれぞれに対応する形で四つに限定した。このことで日本の国の形、枠組みが明確になり、幕府の統制力は強化され、日本の隅々まで支配が浸透していった。幕府が衰退するのは、外圧によってその枠組みが動揺したためである。

　諸藩においても考え方は基本的に同じであった。特に弘前藩は松前口と津軽海峡を挟んだ対岸にあり、松前・蝦夷地を意識した枠組みの設定が必要であった。下図は正保国絵図「陸奥国津軽郡之絵図」（1685（貞享2）年の写し）をもとに作成した近世津軽領主要交通図であるが、深浦・鰺ヶ沢・青森からの航路はすべて松前に向かっている。また小泊からの航路は途中から鰺ヶ沢－松前の航路に合流、宇鉄・三厩からの航路は青森－松前の航路に合流している。このほか鰺ヶ沢－十三湊間に航路が確認される。津軽からの海の道はすべて松前へと続いていたのである。

　松前と航路で結ばれた諸湊の多くは、蝦夷錦が確認される湊であった。そして弘前藩の管理下にあった特権的な指定湊であったという性格をもっている。弘前藩では九浦制度という弘前藩領の出口・入り口といった窓口を限定することによる流通・運輸の統制方式をとり、重要な港湾6ヶ所と関所3ヶ所の計9ヶ所を指定している。湊は青森・鰺ヶ沢・深浦・十三・蟹田・今別であり、各浦々には町奉

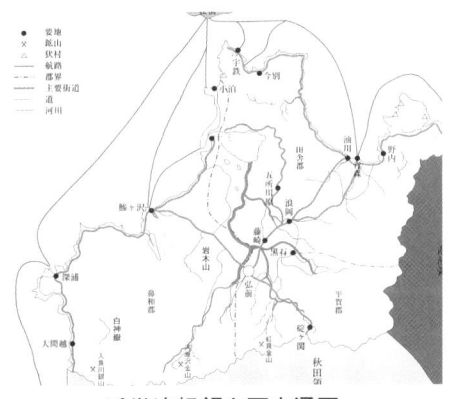

近世津軽領主要交通図
『青森県史　資料編　近世2』口絵所収

行のほか、年貢米を含めた荷物の移出入を監視したり、役銀を徴収する沖横目が置かれた。当然そこに着船することが要求されることから各湊には特権が付

与され、藩権力を経済的に支えた。九浦制度の成立は 1661 〜 81 年（寛文−延宝期）頃とされ、弘前藩の経済基盤となる廻米制が整備される時期でもあった。

　しかしこの制度は日本海海運・太平洋海運といった遠距離間交易を基本とした幕藩制的流通構造の中で成り立っていたものであり、九浦という窓口だけでは領内外の流通統制ができない状況にまで全国的な商品流通や民衆による商取引が活発化し、それによって密接な地域間交流が行われるようになると、藩政とともに九浦制度は動揺していくことになる。具体的には定められた湊以外への入津であった。18 世紀中期以降、弘前藩では下役人の配置による監視体制の強化と、九浦湊の特権維持を図ったが、このことは逆に他国船の入津忌避を招き、九浦制度の硬直化は他の湊の進出を助長することになっていった。

「鰺ヶ沢本町一丁目」（「合浦山水観」青森県立郷土館蔵）
鰺ヶ沢湊は青森湊とともに特に両浜と称され、日本海海運の拠点となった。

　津軽海峡では特に北前船の動向が関わってくるが、北前船の登場と九浦制度の動揺が時期を同じくして展開するのは両者が密接に関係していたからである。そして蝦夷錦の渡来もこの時期以降から始まっている。蝦夷錦の所蔵者（寺社の場合は寄進者）に海運関係者が多くみられるとともに、蝦夷錦の寄進者たちが特権商人のみではなく多様な人々を想定できるのは、18 世紀後期以降の津軽海峡における交易のあり方、地域的一体化が背景としてあったからである。

　江戸幕府の動揺は四つの窓口・鎖国制度の動揺であり、弘前藩政の動揺は九つの窓口・九浦制度の動揺であった。江戸幕府・弘前藩ともにその支配の枠組みの維持が、幕藩権力を維持するためにいかに重要であったかが知られる。鎖国制下の対外交易を考えるとき、「松前口」と深くつながっていた津軽からも様々な視点を提供できる。「蝦夷錦が津軽に来た道」を学ぶことは津軽から世界をみることにもつながっているのである。同様に、蝦夷錦に関わっての交易や受容のあり方、特徴は、広く北方世界の中に本州北端の青森県域がどのように関わっていたのか知る手がかりともなるのである。

（瀧本壽史）

> **【もっと知りたい人のために】**
> 　青森県立郷土館歴史展示室は「北方世界の中の青森県」をテーマとした展示を行っている。同館所蔵の蝦夷錦の実物のほか、県内所在の全ての蝦夷錦を写真で確認でき、その特色を探ることができる。またアイヌ特有の文様を施した木綿衣や樹皮衣（アットゥシ）や青玉も展示され、アイヌ文化の一端を知ることができる。絵図では、北方世界の中での青森県の地理的位置が確認できる地図や、「陸奥国津軽郡之絵図」、九浦を描いた「九浦外町絵図」も展示されている。
> 　青森市本町 2-8-14　TEL：017-777-1585　HP http://www.kyodokan.com

＜参考文献＞
中村和之「蝦夷錦・青玉と北方交易」『蝦夷錦と北方交易』青森県立郷土館、2003 年
五十嵐聡美「アイヌ絵の中の蝦夷錦」（同上）
関根達人・柴正敏「蝦夷錦の品質と年代－赤地牡丹文蝦夷錦の分析を中心に－」『青森県史研究』青森県、2003 年
関根達人『中近世の蝦夷地と北方交易』吉川弘文館、2014 年
瀧本壽史「蝦夷錦の来た道－青森県内所在の蝦夷錦を通して－」『日本海域歴史大系　第 5 巻』清文堂出版、2006 年
瀧本壽史「海峡を越える地域間交流」『近世地域史フォーラム 1　列島史の南と北』吉川弘文館、2006 年
浪川健治『近世北奥社会と民衆』吉川弘文館、2005 年

9．津軽の山から世界へ ―近世諸産業の発達と尾太鉱山―

☞ **教科書では**

　幕府の支配体制が整えられ世の中が次第に安定するにつれ、全国各地で農業生産の増加や諸産業の発達がみられるようになった。そしてそれに伴い貨幣経済も各地に徐々に浸透していくようになっていった。そのために貨幣を鋳造するのに必要な銀や銅の採掘も全国で進められるようになった。さらには、海外への銀の流出を抑制しようと、幕府による各藩への輸出用の銅の増産も要請された。こうした農業生産の増加、諸産業の発達、貨幣経済の浸透は津軽地方も例外ではなく、鉱山開発が進められたのであった。

● 弘前藩領人口上位の町は？

　江戸時代、弘前藩領の中で多くの人が暮らしていた町はどこだろうか。もちろん第1位は、城があり1万人以上が暮らしていた弘前である。そして第2位は、藩の港町で商業拠点でもあった青森である。では第3位はどこになるだろうか。

　それは現在の西目屋村、津軽白神湖（津軽ダム）へと流れ込む湯ノ沢川沿いに形成された町であった。18世紀前半のピーク時には、7000～8000人の人々が暮らしていたものと推測されている。ピーク時の人口は、青森を凌いでいた

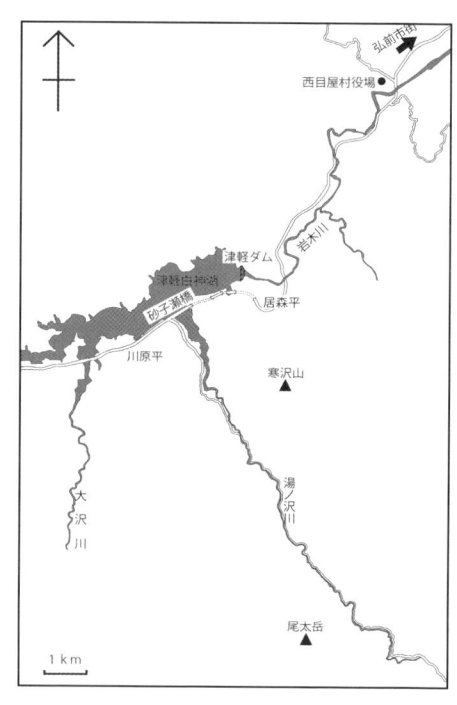

尾太周辺地図
（国土地理院基盤地図情報をもとに作成）

可能性もあり、この町が第2位となっていた時期があるかもしれない。ちなみに、現在の西目屋村全体の人口は、1350人ほど（2017年現在）であり、人口減少が進み、2015年3月には村内唯一の中学校であった村立西目屋中学校が閉校するに至っている。

寒沢山（左手前）と尾太岳（右奥）
津軽白神湖に架かる砂子瀬橋から湯ノ沢川上流方向を望む

　それでは、なぜ江戸時代にはこの山深い土地に多くの人々が暮らすことになったのであろうか。そこには、幕府の政策として行われた全国的な鉱山開発の動きが大いに関係していたのである。

　弘前の市内から、岩木川に沿って西へ30分ほど車を走らせると、完成して間もない巨大な津軽ダムとダムによってつくられた津軽白神湖がみえてくる。この辺りは、世界自然遺産の白神山地への入口である。大きな砂子瀬橋を渡って、津軽白神湖に流れ込む湯ノ沢川に沿って少し上流へと向かうと、左手には寒沢山、右手の奥には尾太岳が見えてくる。「尾太」と書いて、「おっぷ」と読むのだが、あるいはこの地名はアイヌ語が起源であるのかもしれない。

　この尾太岳などの山からはかつて銀や銅・鉛が掘り出されていた。この尾太岳一帯の鉱山は総称して「尾太鉱山」とよばれていた。尾太鉱山は、最終的に1978年に閉山されるまで断続的に採掘が続けられていた。近代以降に鉱山関係者によって形成されていた集落は、今は津軽ダムによってできた津軽白神湖に沈んでいるが、ダムの貯水量が少ないときには、湯ノ沢川が湖に流れ込む付近にかつての集落の名残を目にすることもできる。山肌をつたって湯ノ沢川にいたる幾筋かの水の流れの中には、周囲の岩肌を茶褐色に変色させているものもあり、このあたりの山から金属成分が流れ出していることがうかがえるところもある。

● 宝の山、尾太岳

　伝承によれば、この尾太鉱山の開山は平安初期（9世紀初め）まで遡るとされているが定かではない。この一帯で鉱山として採掘が本格的に始まったのは、中世の終わりから近世のはじめ頃と考えられている。はじめは、湯ノ沢川下流の寒沢山から銀が掘り出されていた。しかし、江戸時代の初期（1670年代頃）に寒沢銀山からの産出量が減少したのにともない、あらたにより上流にある尾太岳付近の銀鉱山の開発が進められ、尾太鉱山が本格的に稼働するようになっていった。

　尾太鉱山で本格的に銀が採掘されるようになった時期に、大坂から「南蛮絞り」ともよばれる精錬技法（灰吹法）が導入された。南蛮絞りは、16世紀前半に海外から伝来した精錬技法で、はじめ石見銀山で導入され、生野銀山に伝えられたのち全国に普及していった。尾太鉱山での南蛮絞りの導入は、北東北地域の鉱山の中ではかなり早い時期のものであったらしい。新しい技術の導入と大鉱脈の発見により、1670年代の終わり頃には、年間1〜1.2 tほどの銀が産出されたとも推測されている。この銀の量を、米に換算すると2〜3万石ほどになる。当時の弘前藩の石高が4万7000石であったことを考えると、尾太鉱山から産出された銀がいかに貴重なものであったのかうかがい知ることができるだろう。なお、この尾太鉱山から産出された銀は、弘前藩内で流通する貨幣として広く使われていた。

　弘前藩にとっては大きな収入源となった尾太鉱山であったが、それは一時的なことでそれほど長くは続かず、宝の山の銀はわずか数年で掘り尽くされてしまった。藩は何とか銀鉱脈を見つけだそうと地中深く掘らせたのだが、銀鉱脈を見つけられないばかりか、深く掘れば掘るほど水が湧き出してきた。鉱脈を見つけ出せないまま坑道は湧水であふれてしまい銀鉱山としての尾太鉱山の命脈は尽きてしまったのである。

● 弘前藩はなぜ尾太鉱山の開発を続けたのか？

　銀山としての役目を終えた尾太鉱山であったが、鉱山としての役目が終わったわけではなかった。銀を採掘できなくなってから半世紀ほどたった1734年、銀にかわって銅・鉛の有望な鉱脈が発見された。坑道の改良が行われ排水にも

成功して湧き出す水に悩まされることもなくなっていた。

この間、藩は銀を産出することのできなくなった尾太鉱山を完全にあきらめたわけではなく、銀にかわり銅・鉛を採掘しようと試みていた。しかし、採掘を続ければ続けるほど湧き出す水の量も増え排水設備のさらなる整備が必要となっていた。採算のとれな

西目屋村中央公民館にある尾太鉱山紹介展示

い採掘に加え、鉱山の排水設備の整備などによる費用の増大は、当然のことながら、徐々に藩の財政を圧迫していった。弘前藩は財政問題に悩まされることになったのである。それでも開発をあきらめることはなく、藩が直接鉱山を支配経営する形態から、商人などに経営を委託する方式に転換するなどしてまで尾太鉱山にこだわった。

商人に経営を委託してからもなかなかうまくはいかなかったのだが、弘前藩から経営を任されていた大坂の商人足羽次郎三郎がついに銅・鉛の大鉱脈をみつけたのである。その頃には湧き水に対する有効な対策をとれるようになっており、これにより銅の生産が一気に進んだ結果、18 世紀中頃には尾太鉱山は銅山としてのピークを迎えたのである。

この頃の尾太鉱山は年間約 440 t もの銅の産出量を誇った。そして弘前藩は毎年 400 t ほどの銅を大阪へ廻送するようにもなっていた。こうした銅の産出を支えるためには多くの人手が必要となり、鉱夫をはじめとする鉱山関係者が多く尾太に暮らし鉱山町を形成していたのである。近世史家の長谷川成一氏によると、18 世紀の前半から後半にかけて尾太の鉱山町には 2300 ～ 2400 人の鉱夫がおり、家族を含めてその 3 倍ほどの人、つまり 7000 ～ 8000 人の人々が暮らしていたという。尾太鉱山は活況を呈し、そこに形成された鉱山町には多くの人々が生活し、弘前藩領内で第 3 位の人口規模をもつ町にまで発展したのである。

ところで、財政問題に直面するなど大きな困難に直面しながらも弘前藩はな

ぜ尾太鉱山をあきらめなかったのであろうか。

　そこには、幕府の貿易政策が関連していた。さらにはそれに付随する世界的な貿易の動きも関係していた可能性がある。

　江戸時代の対外関係は「鎖国」のイメージで語られることが多い。しかし、幕府は決して国を鎖していたわけではなかった。幕府は海外の情報も持っていたし、貿易も行われていた。但し、その貿易は完全に自由なものではなく、幕府が貿易を管理統制し、その利益を独占しようとするものであった。貿易を完全に管理統制し利益を独占しようとすれば、おのずと貿易の窓口を絞り込まざるを得なかったのである。

　長崎での貿易では幕府の管理統制の下、中国（清）とオランダに対して、輸入品の代替品として大量の銀が輸出されていた。16世紀以来、大量の日本銀が海外へ流出していた。16世紀後半〜17世紀前半にかけて、日本各地から銀が産出され、世界の銀の3分の1から4分の1ほどを日本銀が占めていた。最も多いときには年間200ｔが輸出されており、17世紀前半の世界全体の年間平均銀産出高400ｔ余りの半分近くに達することもあったことを考えると、どれほど大量の銀が日本から流出していたのかがわかるであろう。ちなみに、この当時これほどの銀を産出することができたのは日本のほかには、中南米に広大な植民地を保有し「日の沈まざる大帝国」といわれたスペインだけである。

　さて、17世紀前半までは大量の銀を輸出していた日本だったのだが、尾太で銀が産出できなくなっていったように、17世紀中ごろには各地の銀鉱山でも産出量が大きく減少していった。生産量減少の中、海外への銀の流出、さらには商品経済の発展にともなう国内での金銀貨増加の必要性に幕府は悩まされることになった。そこで幕府は、銀の輸出を抑制するために銅の輸出に重点を置くようになったのである。1660年代頃から銅の輸出は次第に増加し、1685年頃にはどうにか銀の流出を阻止できるようになっていた。このような事情があり、日本各地で銅の増産が求められていたのである。この時期には、銀の産出が大幅に減少した日本各地の鉱山で、次々に銀鉱山から銅鉱山への転換がはかられていた。こうした動きの中で、大いに苦戦を強いられながらも尾太鉱山でも銅の生産が目指されていたわけである。江戸時代における日本の対外貿易の中で、銀を求める諸外国とそれに対応する幕府の政策としての銅輸出という

流れに尾太鉱山は位置づいていたことになる。

● 尾太の銅はどこへ？

さて、前に述べたように17世紀の後半になると日本から海外に銅が大量に輸出されるようになっていた。1734年以降、銅鉱山として復活した尾太鉱山から掘り出された銅も最終的には輸出され、海外へと出て行ったのである。それでは尾太の銅はどこに運ばれ、どのように利用されていたのだろうか。

銅座跡
弘前藩の藩邸はこの近くにあった

全国各地の鉱山から産出された銅は、幕府の指示により、大坂に設けられた銅座（現在の大阪市中央区・淀屋橋近く）へといったん廻送され、そこでほぼ純銅の水準にまで精錬された。もちろん尾太の銅も大坂へと送られていた。尾太から採掘された銅は岩木川の水運を利用し、あるいは陸路を運ばれ十三湊や青森湊から運び出されていった。米や木材もそうであったが、弘前藩領内から大坂などへの海上輸送の場合、一度、鰺ヶ沢に集められ、そこでより大型の船に積み替えられて運び出されるのが一般的であった。銅もまた同じように鰺ヶ沢に一度集められたものと思われる。鰺ヶ沢で銅を運ぶ専用の船に積み替えられた銅は、日本海海運を利用して敦賀（福井県）に至り、敦賀で陸揚げされたのち今度は陸路や琵琶湖水運を利用して大坂の銅座へと運ばれていった。河村瑞賢が日本海沿岸から瀬戸内海を通る西廻り航路を確立してからは、敦賀を経由せずに直接大坂まで運ばれることもあった。そして大坂の銅座に集められた銅は、ここで精錬され「棹銅」と呼ばれる棒状の形に鋳られた。さらに棹銅は長崎の会所に送られ、100斤（約60kg）単位で箱詰めされて海外へと輸出されていったのである。

周知の通り、江戸時代の長崎では出島に中国とオランダの船がやってきて貿易を行っていた。この長崎の出島から中国船とオランダ船により銅が海外へと運ばれていった。当時中国船は「唐船」と呼ばれていた。この唐船によって輸

出された日本銅の一部は東南アジアへと運ばれたが、大部分は中国大陸に輸入され、清朝治下では銅銭の鋳造に用いられた。一方、オランダ（オランダ東インド会

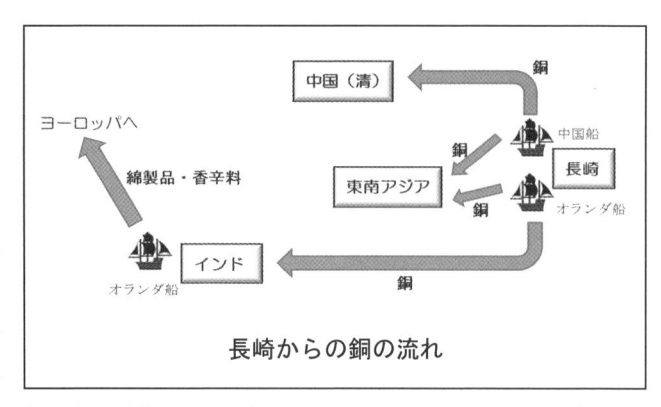

長崎からの銅の流れ

社）の船により輸出された日本銅は、東南アジア、南アジア、そして一部はオランダへと運ばれていった。東南アジアへは唐船、オランダ東インド会社船の双方によって日本銅が運ばれていたことになる。ちなみに、ベトナムでは通貨の単位を「ドン」というが、このドンの語源は日本語の「銅」からきているとも言われている。この説が確かであるか否かははっきりとしていないが、このような説が生まれるほどに多くの日本銅がベトナムなど東南アジアへともたらされていたのである。

　オランダ東インド会社船も多くの日本銅を東南アジアへと運び込んだが、東南アジア以上に多く運び込んでいた先はインドであった。オランダ東インド会社船により運び込まれた日本銅は、インドでも中国や東南アジアの場合と同じように、やはり貨幣に鋳造されインド国内で広く流通し、使用されていた。このとき、オランダ東インド会社は、持ち込んだ日本銅と引き替えに綿製品や香辛料などをインドで手に入れてヨーロッパ市場へと供給していた。もっとも、18世紀の終わり頃になるとインドにおけるオランダとイギリスの力関係が完全に逆転したためにオランダ東インド会社の船は日本銅をインドへと持ち込むことができなくなっていった。一時的かつ間接的ではあるものの、尾太鉱山を含む日本の銅山は、オランダ東インド会社を通じてヨーロッパにもつながっていたことになる。

　18世紀に日本銅は、中国・東南アジア・インドというアジアの広範な地域で貨幣として鋳造され、それぞれの国や地域の経済を支えていたのである。アジア各地の経済を支えた日本銅の中には、もちろん尾太鉱山から産出されたも

のも含まれている。尾去沢（秋田県鹿角市）や別子（愛媛県新居浜市）といった鉱山に比べれば、尾太で産出される銅は少量であったのかもしれない。しかしながら、尾太鉱山から産出された銅もまた大坂や長崎をへてアジア各地へと運ばれていったことは間違いない。このように考えると尾太鉱山もまた一時期のアジア各地の経済活動を下支えする役割の一端を担っていたと言えるのではないであろうか。

　今はその役割を終えひっそりとしている尾太鉱山だが、江戸時代には世界へと結びついていたのである。

（篠塚明彦）

【もっと知りたい人のために】

　尾太鉱山の跡地へは、残念ながら現在は簡単にアクセスできない。江戸から明治ころの尾太鉱山の様子は、西目屋村中央公民館に展示されている。同公民館は、西目屋村役場のすぐとなりにあり、尾太鉱山を含むかつてのこの地域の様子をうかがい知ることができる「奥目屋風土回廊」が設けられている。マタギ小屋を再現した夜の森体験コーナーや奥目屋の暮らしを見学することができる。また、近代以降の尾太鉱山に関しては、津軽ダム管理事務所の資料展示室で詳しく解説されている（なお、西目屋公民館については事前に開館を確認することをお勧めする）。また、秋田県鹿角市の史跡尾去沢鉱山（マインランド尾去沢）は整備されており坑道なども見学することができる。

　西目屋村中央公民館
　中津軽郡西目屋村大字田代字稲元 143　TEL：0172-85-2858

<参考文献>

長谷川成一「近世の尾太鉱山〈特別講演「江戸時代の尾太鉱山について」〉」『尾太鉱山の近世と現代（砂子瀬・川原平の生活文化記録集 第 1 集）』砂川学習館、2005 年
小葉田淳『日本鉱山史の研究』岩波書店、1968 年
島田竜登「海域アジアにおける日本銅とオランダ東インド会社」竹田和夫編『歴史のなかの金・銀・銅－鉱山文化の所産－』勉誠出版、2013 年

10. 活発だった日本海の海運 ―海上交通網の整備と北前船―

☞ 教科書では

　江戸時代には、江戸と京都を結ぶ東海道をはじめとする五街道のほかにも各地を結ぶ街道の整備が進められ宿場町や門前町などが栄えた。また、江戸が大都市に発展すると多くの生活物資を江戸に送ることが必要となった。これに伴って、海上の交通網も整備され各地の港町も賑わいを見せた。西廻り航路・東廻り航路によって日本全体が海上交通網によって結びつけられていった。そのような中にあって、西廻り航路を利用して活躍したのが北前船であった。北前船は津軽の港にも賑わいをもたらしたのであった。

● おかっぱ頭の狛犬はどこから来た？

　青森の市街から荒川・入内川に沿って南に 10 ㎞ほど行った青森市入内に小金山神社という小さな神社がある。この神社に少々変わった狛犬が置かれている。全体に色は薄緑色をしており、その頭をみると、頭髪が垂れ下がり、まるで“おかっぱ”のようになっている。案内板によるとこの狛犬は 1972 年 6 月に青森市の有形文化財に指定されている。この狛犬が薄緑色をしているのは、その材質が笏谷石だからである。

　笏谷石というのは、福井市の足羽山でとれる凝灰岩の一種である。実は、小金山神社の狛犬と同じように薄緑色の狛犬は、油川の熊野宮（青森市油川）や弘前八幡宮（弘前市八幡町）、熊野奥照神社（弘前市田町）、多賀神社（弘前市桜庭）などにもある。いずれも笏谷石でつくられたものである。油川や弘前の狛犬はいずれも地元の人が奉納したものである。ところが、小金山神社の狛犬は越前（現在の福井県）の人が奉納したものであった。小金山神社にある案内板には、「薄緑色したこの一対の狛犬は、寛

小金山神社にあるおかっぱ頭の狛犬

文5年 (1665) に越前国新保の中村新兵衛から寄進されたものである。」とある。狛犬に近づいて、その足をみると確かに「越前国新保」や「中村新兵衛」といったことばが刻まれているのを確認することができる。越前国新保は足羽山から九頭竜川を下った河口に位置している。対岸は三国湊である。

こうした狛犬のルーツは、笏谷石の産地である福井県にあった。津軽で確認される笏谷石製の狛犬は、おそらく越前でつくられ海上交通によって津軽に運ばれたものに違いない。

しかし、それにしてもなぜ青森市の内陸にある入内の神社に越前の人が狛犬をわざわざ奉納したのであろうか。入内の小金山神社の裏手には、入内断層によって形成された断層崖を駆け上るように細い道が続いている。この道は江戸時代の街道の一部で、その先の入内峠を越えて浪岡、そして弘前へと続いている（現在は峠道の一部が崩落し通行止めとなっている）。また、神社からやや北にも同じように断層崖を上がる大豆坂を通って浪岡へと至る道がある（現在、青森空港の南側を通る道）。この二本の道は、江戸時代には青森の港から弘前への近道として利用されていたという。ただし、いずれの道も距離的には近くなるが大変急な坂道を登る必要があった。小金山神社は港から来て、ちょうどその急坂にさしかかるところにある。

越前新保の中村新兵衛がどのような人物であったのかは残念ながら明らかではない。日本海海運を利用して、京・大坂と弘前とを結んでの商売に従事していた人物が、交通の要所に商売の成功や旅の安全を祈願して故郷の狛犬を奉納したとも考えられる。

小金山神社に奉納されたおかっぱ頭の狛犬は、江戸時代に津軽と越前との間に、密接な結びつきがあったことを物語る歴史資料のひとつである。それでは、津軽と越前は具体的にどのようにつながっていたのであろうか。

● 津軽の米が向かった先は？

鎌倉時代から室町時代頃には、すでに津軽と越前を含む北陸地方とを結ぶ海の道は開けていた。江戸時代に入ると様々な物資の輸送量の増加に伴い、海の道を利用した海上交通が著しく発達したのである。海上輸送によって最も多く運ばれたものは米であり、「城米」と呼ばれた幕府領米や「蔵米」と呼ばれた

大名領米が、全国各地の港から江戸や大坂へと船によって運ばれたのである。

　まずは大坂への米の廻送について触れてみたい。貨幣経済の発達に伴って江戸時代に大名たちは領内の米を換金する必要があった。その最も中心的な舞台となったのが大坂である。1730（享保15）年には米の先物取引を行う堂島米会所が開設され、付近には米を保管する倉庫と屋敷を兼ねた諸藩の蔵屋敷が建ち並んだといわれている。もちろん弘前藩の蔵屋敷も置かれていた。

　それでは津軽の米は、どのようにして大坂へと運ばれたのだろうか。弘前藩領の米生産の中心は、周知のように岩木川によって形成された津軽平野であった。津軽平野でつくられた米は岩木川の水運を利用して河口の十三湊に一度集められた。弘前の浜ノ町、三世寺、藤崎、板柳（板屋野木）、五所川原の湊、金木の神原、中里の八幡などには川湊がつくられており、藤崎を除く他の川湊には米を一時的に管理貯蔵する御蔵が設けられた。十三湊に集積された米はそこから鰺ヶ沢へと運ばれ、大型の船に積み替えられて日本海を南下した。弘前藩では大坂への米の廻送は鰺ヶ沢から積み出すことを原則としていたためである。日本海を運ばれた米は越前の敦賀や小浜で陸揚げされ、その後琵琶湖の水運を利用して大坂へと運び込まれたのである。

　こうした鰺ヶ沢から大坂への米輸送を担ったのは、弘前藩から委託された越前の廻船問屋や近江商人たちであった。米を越前に運んだ船が津軽へ戻るときには空船では不安定となり航海が危険なために、安定を保つバラストの代わりに石造物などを積み込んでいた。笏谷石製の狛犬はこうして津軽へと運ばれてきたのだろう。なお、大坂への米の廻送については、1672（寛文12）年に河村瑞賢が日本海から瀬戸内海に入る西回り航路を整備すると、越前を経由せずに直接大坂へと向かうルートも開かれた。

　一方、江戸への米の廻送のほうはどうだったのだろうか。江戸時代に

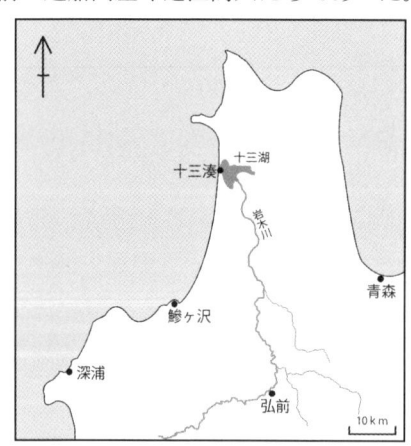

岩木川と津軽の四浦
（国土地理院基盤地図情報をもとに作成）

は参勤交代が制度化され、全国の大名が江戸にも屋敷を構えて多くの家臣を住まわせるようになった。それとともに商人や職人たちも江戸に集まってきた。そのために江戸の人口は急増するが、江戸近郊の食料生産力はそれほど高くはなく、江戸に集まった武士たちの胃袋を満たすには全く不足していた。そのため、各大名はそれぞれの領地から米をはじめとする食料や生活物資を江戸に運び込む必要があったのである。もちろん弘前藩も江戸へと米や生活物資を送っていた。

江戸時代初期の 1625（寛永 2）年、弘前藩二代藩主津軽信枚により青森湊が開港した。米を積んだ船は青森湊から三陸沖を通り、常陸（現在の茨城県）の那珂湊や下総（現在の千葉県）の銚子を経て利根川を遡り、江戸・両国にあった下屋敷へと向かった。途中の経由地となる常陸の潮来にも弘前藩の蔵屋敷が置かれた。

江戸、大坂に京を加えて「三都」と呼ばれていたが、全国各地から米をはじめとする物資が集められることによって、江戸や大坂の繁栄は支えられていたのである。

● 北前船の登場

津軽から江戸や大坂へと米を廻送する港として発展したのが、江戸に向かう東回り海運の拠点となった青森と大坂に向かう西回り海運の拠点となった鰺ヶ沢である。これらは特に重要な港として「両浜」とよばれた。両浜からは、江戸・大坂の他に蝦夷地にも船が向かった。両浜に深浦と十三を加えた四つの港は「四浦」と呼ばれ、町奉行が置かれていた。

青森から三陸沖を経由する海運は、江戸に暮らす藩士たちに米や生活物資を輸送するために開かれ、発達したものであった。そのために藩主導の海運となっていた。それに対して、日本海沿岸にはもともと民間の業者による海運があり、それを利用する形での米の廻送となった。日本海海運の担い手は、より多くの利益をあげられそうなことには敏感だったのである。

1672（寛文 12）年、江戸の商人河村瑞賢は出羽国（現在の山形県）の城米（幕府領米）を江戸に廻送することを幕府から命じられた。瑞賢は距離的には近いものの津軽海峡の通過には大きな危険もあると考え、西廻り航路を利用するこ

とを考えた。船は、瀬戸内海と山陰地方などの日本海とを結ぶ航海や大坂と江戸とを結ぶ航海に慣れていた讃岐（現在の香川県）・備前（現在の岡山県）・摂津（現在の大阪府）などの水夫を雇い入れ、途中の要所に水先案内船や灯台のような役目をする狼煙台を備えるなど航路を整えた。この河村瑞賢による西廻り航路の整備によって瀬戸内海の船が日本海にもどんどんと進出するようになり、やがて日本海海運の様相を大きく変えていくことになった。

　江戸時代前期までの日本海航路においては、「北国船」や「はがせ船」と呼ばれる船が活躍していた。これらの船は帆のほかに櫂を備えており、風が無いときにはその櫂を使って船を進めたため、多くの乗組員を必要とした。それに対して瀬戸内海から進出してきた船は「弁才船」とよばれるもので帆のみで航行した。しかも帆を巧みに操作することで風上にも進むことができる構造になっていた。また北国船やはがせ船に比べると少ない乗組員で走ることができ、その分多くの荷を積むことができた。瀬戸内海の弁才船は津軽の港にも姿を現し、さらに蝦夷地にまで進出していった。やがて北日本の海域でも弁才船が建造されるようになって、18世紀前半には日本海海運から北国船やはがせ船は姿を消していった。

　この弁才船を用いて、大坂を起点に瀬戸内海・日本海岸の各地の港に寄港しながら蝦夷地にまで向かったのがいわゆる北前船である。

● 北前船は海を行く「総合商社」

　北前船の登場により、日本海海運はますます活況を呈し、寄港地となった港もますます発展していった。津軽では深浦、鰺ヶ沢、十三湊、三厩、青森などが北前船の主な寄港地であった。現在の青森県域では他にも野辺地、田名部、川内、佐井、大間、大畑なども北前船の寄港地となった。

　それでは北前船はどのようなものを運んだのであろうか。

　北前船登場以前の船は、賃積船といって運賃をとって荷物を運ぶ方式のものであり、早く運んで高い運賃を稼ぐというものであった。それに対して、北前船は買積船という方式であった。これは、各地で安い品物を買い集め、高く売れる土地に運んで売りさばくという方法である。価格差を利用して稼ぐというものであった。各地の港で積荷を仕入れては、他の港で高く売り、またそこで別

な品物を仕入れては他の港に運び売りさばいたのである。従って、高く売れそうなものであれば何でも運ぶことになる。

　大坂からは、主に酒・紙・煙草・木綿・砂糖・古着などを積み込み、途中の寄港地で積荷を売買しながら蝦夷地に向かった。津軽の港では米などを積み込んでいった。松前藩は1万石といいながら米を生産していなかった。そのため津軽から米を持ち込んだのである。蝦夷地からは、昆布・鰊・白子・干鰯などの海産物を積み込み、また途中で積荷を売買しながら大坂へと戻った。大坂への帰途、津軽の港ではなまこを干した煎海鼠を積み込んだ。陸奥湾は煎海鼠の一大生産地であり、北前船に積み込まれた煎海鼠の多くは、長崎商人の手に渡り「俵物」として最終的に中国へと輸出されていったのである。

　大坂を出帆するのは3月中旬から下旬で、蝦夷地に到着するのは5月の終わり頃であった。積荷を売りさばき、新たな商品を買い集めて蝦夷地を出発するのは7月〜8月であった。そして再び大坂に戻るのは11月〜12月であったという。冬が近づくと、日本海は荒れてくる。そのために積荷もろとも船が沈むこともある。場合によっては、難破を逃れるために積荷を海に捨てることもあった。それでもダメなときには帆柱を切り倒してまで沈没を免れるようとすることもあった。ただし、帆柱を切り倒すと船は全く操縦不能になり、あとは運を天に任せて海を漂うしかなかった。北前船は一回の航海で大変大きな利益を上げることができたが、常に危険と隣り合わせだったというわけである。船主や船頭たちは航海の無事と商売の成功を神仏に願わずにはいられなかったことだろう。北前船の寄港地にある寺院には、安全を祈願して船主たちが奉納した船絵馬が残されている。深浦にある円覚寺にはこうした船絵馬のほかに「髷額」と呼ばれるものが多く残されている。これは荒天に遭遇した船

春光山円覚寺（深浦町）

乗りが髷を切って無事を祈り、無事に生還した後に神仏への感謝の意を込めて絵馬にして奉納したものである。

　北前船は様々な商品を扱った。あたかも海の上を行く「総合商社」のようであった。ただし、船をもっているだけでは北前船特有の買積船という方式をとることはできなかった。はじめに多くの商品を買い入れなくてはならず、そのためには資本が必要であった。もともとの日本海海運で利益を上げていた加賀・越中・越前などの商人も瀬戸内海の船を雇い入れ北前船の経営に乗り出していったのであった。また、北前船の船頭として活躍して稼ぎ自ら北前船の船主となるものもみられた。

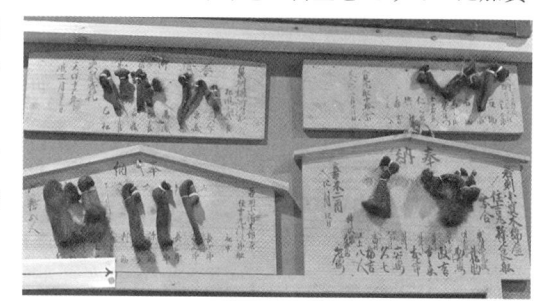

髷額（春光山円覚寺所蔵）

● 北前船がもたらしたもの

　鰺ヶ沢の港を一望できる高台に白八幡宮という神社がある。この神社では四年に一度、例大祭が行われる。例大祭の中心となるのは、町の無形文化財に指定されている「御神輿渡御行列」である。二基の神輿を中心に古式ゆかしい装束を身にまとった200名ほどの人々が行列をなして進んでいく。そして行列のあとからは各町内の山車10台が祇園囃子とともに続いていくというものである。この例大祭は、通称「津軽の京まつり」とよばれている。その名の通り、京都の祇園祭の影響を受けた祭りである。京都から遠く離れた津軽の地に祇園祭が伝えられたのも実は北前船の影響であった。鰺ヶ沢は北前船の主要な寄港地であった。北前船は商品だけで無く、文化も運んできたのであった。

　津軽には鯨餅（久慈良餅）という郷土菓子がある。鰺ヶ沢や浅虫温泉で作られている。青森のほかには山形県の最上地方でもつくられている。原料に鯨を使っているわけではなく鯨の皮の断面に似ていることからその名がつけられたという。この鯨餅もやはり京都の影響であった。北前船によって京菓子の鯨餅の製法が伝えられ津軽でもつくられるようになったという。今は発祥地の京都ではつくられなくなってしまった菓子が津軽には残っているのである。

そのほかにも鰺ヶ沢や深浦には先に紹介した船絵馬以外に、北陸や大坂などの商人が奉納したり、寄進したりした玉垣や石灯籠なども残されており、北前船で栄えた頃の姿を偲ぶことができる。

ところで、北前船は蝦夷地まで向かいそこで様々な品物を積み込んでいたわけだが、その品物はアイヌの人々によって松前や江差などにもたらされたものも少なくない。そして中には、オホーツク、サハリンさらには大陸からもたらされたものも含まれていた。「蝦夷錦」と呼ばれた絹織物や「青玉」と呼ばれたガラス玉などがあった。これらは中国の清朝からアムール川流域の人々に与えられたものが、さらにアイヌの人々の手を経て松前などにもたらされたものである。

海は隔てるものではない。鰺ヶ沢や深浦をはじめとする津軽の港は、北前船を通じて、サハリンや大陸といった北の世界とつながり、また煎海鼠が長崎から中国へと輸出されていたように南のほうでも大陸へとつながっていたのである。

（篠塚明彦）

【もっと知りたい人のために】

深浦町の円覚寺には、北前船によってもたらされたものをはじめ、ロシア軍艦に連れ去られた高田屋嘉兵衛の弟が、嘉兵衛が無事に帰国できるよう祈祷を依頼した書状や、無事に帰還できた際に奉納されたシャンデリアなどが残されており見学することも可能である。また、円覚寺の隣には「風待ち館」があり、復元された弁才船や北前船に関する展示をみることができる。円覚寺・風待ち館ともに深浦駅から徒歩 20 分ほどの所にある。

円覚寺　　　西津軽郡深浦町深浦字浜町 275　　TEL：0173-74-2029
風待ち館　　西津軽郡深浦町深浦字浜町 272-1　TEL：0173-74-3553

＜参考文献＞
鰺ヶ沢町古文書学習会編『北前船と津軽西浜』鰺ヶ沢古文書学集会、2012 年
加藤貞仁・鐙啓記『北前船—寄港地と交易の物語』無明舎出版、2002 年
牧野隆信『北前船の時代—近世以後の日本海海運史—』教育社歴史新書、1979 年
渡辺信夫『海からの文化—みちのく海運史—』河出書房新社、1992 年

11. 近世津軽の飢饉と民衆 ―天明の飢饉―

☞ **教科書では**

　古代・中世にくらべ、近世に入ると飢饉関係の記載が多くみられるようになる
のは、幕藩体制が年貢収納を基礎とし、百姓・農村に支えられていた経済構造に
あったからである。飢饉による農村への壊滅的な打撃は、百姓らの抵抗を招くと
ともに、幕藩権力の経済基盤をも弱体化させ、その対応として幕藩の改革を導い
ていく。教科書では「飢饉」、「一揆・打ちこわし」、「幕藩改革」がある程度関連
付けながら記載されているが、なぜ飢饉となったのか、飢饉時の地域の状況はど
のようなものであったのかという基本的な事項については高校段階でもほとんど
触れられていない。津軽の天明飢饉は地域の歴史であると同時に近世の典型的な
飢饉であり、そこから近世社会のありようが確認できる歴史事象である。

● 津軽を襲った大飢饉

　教科書に出てくる全国的な飢饉は、小学校では天明と天保の飢饉の2つが、
高校では寛永（1642年頃）、享保（1732年頃）、天明（1783年頃）、天保（1833
年頃）の飢饉が4大飢饉として一般的に扱われている。これに対して、東北地
方では、宝暦（1755年頃）、天明、天保の飢饉を3大飢饉としたり、津軽地方
では元禄（1695年頃）を加えて4大飢饉とすることがある。また、宝暦へと
続く寛延（1749年頃）飢饉も元禄以来の大飢饉として特筆されている。この
ほか、元和（1615年頃）、寛永の飢饉もあり、本州北辺にあって寒冷で米作が
困難な津軽地方は、不作・凶作に見舞われ続けた地域であった。特に18世紀
中後期、寛延・宝暦・天明と津軽地方では、わずか30年ほどの間に3度の飢
饉が発生しており、飢饉の惨状は天明飢饉に至って極みに達することになった
のである。

● 天明飢饉の被害規模はどのくらいか？ ―死者数と荒れ地―

　弘前藩の公式記録である「弘前藩庁日記（国日記）」（弘前市立弘前図書館蔵）
天明4（1784）年6月30日条では天明3年9月から同4年6月までの死者数

は8万1702人、この内「在々
（農村部）」が6万9677人（85.3
％）、「弘前町々」4496人（5.5
％）、「九浦」4503人（5.5%）、
「施行小屋」3026人（3.7%）、
また男が4万6882人で57.4
％、女3万4796人（42.6%、
ただし記載値）となっている。
九浦は弘前藩が流通統制の窓

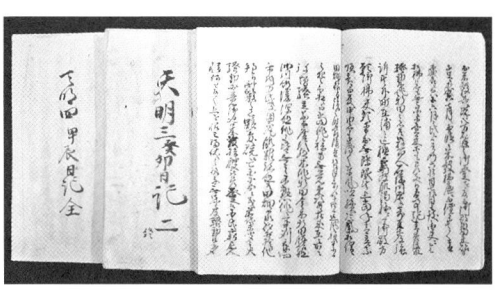
「天明卯辰日記」（青森県立郷土館蔵）
天明3〜4年の飢饉の様子を記録している

口とした6湊と3関所の総称でありいわゆる町場である。施行小屋で亡くなっ
た人の大半は農村部から弘前城下に入ってきた流人であり在々の死者数に加え
ても差し支えない。

　餓死者数が多いものもある。天明6年に津軽を旅した橘南谿の「東遊記」で
は20万人。他国に逃れたり記録に漏れた人々を数えれば「津軽は人種尽きた
りといふべし」と記されている（『日本農書全集18』農山漁村文化協会1983年）。
ただ当時の領内人口から考えると多すぎる。

　『平山日記』（みちのく双書第22集　青森県文化財保護協会1979年）明和元
（1764）年条によれば、黒石領を除いての領内人口は22万2280余人、戸数3
万2810軒余。また「国日記」天明6年1月24日条に、飢饉後の領内17万人
余の扶助が困難な状況にあるという記載があり、これに前述の死者8万人余を
加えると領内人口が25万人余となることから、死者数は領内人口の約3分の
1と考えるのが妥当であろう。

　在方の85%が餓死するという、この急激な農村人口の減少が意味すること
は農業労働力の減少であり、耕作力の低下となって現れる。しかも、絶滅した
村々も多く、餓死者は男の方が多かった。「村潰」や「女勝」といった文言が
諸史料にみられる（藤田小三郎家「家記」天明4年条　弘前市立弘前図書館蔵）。

　馬数の激減も痛手となった。津軽領では馬は農耕手段として極めて重要であっ
た。斃馬（餓死）もさることながら、食料となったり、換金手段として他領に
移出されたりして激減し、耕作力の低下に拍車をかけた。『津軽歴代記類　上』
（みちのく叢書4　青森県文化財保護協会編　国書刊行会1982年）天明4年9月

10 日条には斃馬 1 万 7211 匹とあり、大半の農民が馬を失っている。

　耕作力の低下は農地の荒廃と規模の縮小を必然化させる。次に実際に米が生産できなかった損毛（損耗）高をみてみよう。「田畑不熟損毛御届一件」（弘前市立弘前図書館蔵）に安永 5（1776）年から寛政 7（1795）年までの総高 24 万 2353 石 5 斗 2 升の内の損毛高が記されている（ただし天明元年・2 年の記載なし）。これによれば、天明 3 年の損毛高は 23 万 3042 石 5 斗 2 升で約 96.2%、同 4 年が約 82.0%、同 5 年が約 77.9%、同 6 年が約 66.1% であり、天明 3 年はほぼ皆無作の状況であり、翌年以降も回復がみられなかったことがわかる。

　耕作力の低下と農地の荒廃が直接影響するのが植え付け面積である。『平山日記』天明 4 年条によれば、天明 4 年の津軽郡植え付け状況は田方の総地積 2 万 7765 町 8 反 2 畝 16 歩（記載値）のうち稲作植え付けが 1 万 1873 町 2 反 5 畝 25 歩、稗植え付けが 2019 町 2 反 23 歩、豆植え付けが 67 町 8 畝 8 歩で植え付け合計は 1 万 3960 町 2 反 6 畝 26 歩で約 50.3% である。それ以外は植え付けのできない荒れ地となっていたのである。畑方はもっとひどく荒地は 7610 町 8 反 1 畝 2 歩で約 61.4% にも及んでいる。田畑の回復は荒れ地の耕作地化を図らなければならないが、耕作力も低下している状況では、速やかな回復は見込めない。農村復興＝廃田畑復興は藩政改革の大きな課題となっていくのである。

　弘前藩の寛政改革では、この課題に対して、藩士を在方（農村）に居住させて直接生産活動に従事させる藩士在宅（土着）策を実施した。藩士に耕作力の回復と荒れ地の開発を担わせ、同時に藩士の経済的自立を図ろうとしたものであったが、失敗している。結局は百姓に負担増を強いるものであったのである。

● 菅江真澄が聞いた天明飢饉の惨状とは

　飢饉下の人々の状況は目を覆うものであった。ここでは津軽とゆかりの深い菅江真澄の「外が浜風」から紹介しよう。天明 5（1785）年 8 月 10 日、床前村（現つがる市森田町床舞）に至った真澄が、草むらに散乱した白骨に心を痛めていたところ、村人らしき人が来て次のような話をしている。

　　「過ぐる天明三年の冬から四年はるまでは、雪の中に行き倒れたもののなかにも、まだ息のかよう者が数知れずありました。その行き倒れ者がだんだ

ん多くなり、重なり伏して道をふさぎ、往来の人は、それを踏みこえ通りましたが、夜道や夕ぐれには、あやまって死骸の骨を踏み折ったり、腐れただれた腹などに足をふみ入れたり、その臭い匂いをご想像なさい。

　なおも助かろうとして、生きている馬をとらえ、くびに綱をつけて屋の梁にひきむすび、脇差、あるいは小刀を馬の腹にさして裂き殺し、したたる血をとって、あれこれの草の根を煮て食ったりしました。（中略）その骨などは、たき木にまぜて焚いたり、野をかける鶏や犬をとらえて食ったりしました。

　そのようなものを食いつくしますと、自分の生んだ子、あるいは弱っている兄弟家族、また疫病で死にそうなたくさんの人々を、まだ息の絶えないのに脇差しで刺したり、または胸のあたりを食い破って、飢えをしのぎました。人を食った者はつかまって処刑されました。人肉を食った者の眼は狼などのようにぎらぎらと光り、馬を食った人はすべて顔色が黒く、いまも生きのびて、多く村々にいます。」（『菅江真澄遊覧記 1』東洋文庫 54 平凡社 1965 年）

　天明飢饉の餓死者は天明 3 年 9 月頃から出始めているが、それがピークに達するのは冬である。秋のうちは山野に入り、蕨・葛の根・木の実・松皮などを採取して命をつないだが、降雪期はそれもならず、餓死に追い詰められていく。馬・鶏・犬、果ては人肉まで食うこととなったのである。疫病の流行も飢饉時にはつきものであった。飢饉時に人々は「山野河海」に食料を求めた。近世民衆生活における山野河海の意義についても、飢饉を通して考えてみることができる。

● 天災か人災か

　天明 3 年は東北地方特有の東風＝ヤマセによる冷害年であった。春先から 8 月中旬までヤマセが吹き続き、6 月に至ってもヤマセのために寒くて綿入れを着なければならないほどであった。苗の育ちも遅れ、ようやく 7 月 20 日から出穂をみるに至ったが、8 月に入ると 12 日、13 日には「大東風」に見舞われ、特に 15 日の夜には霜が降り、16 日の朝は橋の上が白くみえるほどであった（『平山日記』天明 4 年条）。

　18 世紀後半は小氷期ともいわれ世界的にも寒冷であったが、飢饉の直接の要因はこのヤマセによるものであった。しかし、たとえ皆無作ではあっても、

領内に飢えた人々に与える米があれば餓死者を出すこともなかったはずである。弘前藩は安永4〜5（1775〜1776）年頃から備荒貯蓄を名目として百姓らから1反歩につき米1升ずつ上納させ郷蔵へ納めさせて村の上層農に管理させていた。しかし、その支給もなく、郷蔵はすでに空であった（「天明凶歳日記」青森県叢書第7編『南部・津軽藩飢饉史料』青森県学校図書館協議会編1951年）。

　なぜだろうか。その理由は、飢饉を招く近世社会の経済構造にあった。近世は年貢米を上方・江戸に廻米しそれを換金することで藩の経済活動が維持される社会であった。したがって、その廻米行為が継続される以上、年貢米は移出されていくのであり、常に不作・凶作を飢饉たらしめる可能性を含んでいたことになる。つまり、領内米が払底しないように、廻米量を調節できる藩の経済状況であれば飢饉は凌げた可能性があったのである。しかしこの時期、弘前藩の財政状況は厳しい赤字財政であった。

　すでに、宝暦4（1754）年段階の累積赤字（借財）は上方が24万4138両余、江戸が3万3916両余、国元が6〜7万両程であり、総額35〜36万両に及んでいた（「宝暦四年甲戌御改革帳之写」弘前市立弘前図書館蔵）。

　このような赤字財政が続く中、廻米は借金返済手段として借入先の蔵元から強制されていくことになり、廻米を唯一の頼りとした借財に借財を重ねていく藩財政の悪循環構造が現出したのである。藩は何としても領内米を集め、廻米する必要があった。天明2年には、江戸・大坂へ各20万俵余、加賀へ3万俵余、これに小納戸米を加えて都合50万俵余が廻米されている。翌天明3年春にも、前年同様、江戸・大坂へ各20万俵余を廻米している。実高の半分以上を廻米していたわけである。加えて天明2年が半作の凶作年であったことを考えれば、領内米は全く払底していたことになる。そしてここに天明3年の大凶作が襲ったのである。つまり、廻米は「飢餓移出」として作用したのであり、凶作を飢饉とした決定的な要因として位置づけることができる。

　天明飢饉はヤマセによる冷害に起因する飢饉ではあるが、領内米払底という状況を導いた弘前藩の経済政策の結果でもあった。同時に、それは、幕府や藩の経済が廻米によって成り立っている幕藩体制の流通経済構造に由来している。天災ではあったが、天明飢饉のみならず、近世の飢饉は人災の側面が強いものであったといえるのである。

● 民衆がとった行動とは―打ちこわし・強訴、そして「主人之有之国」への逃散―

　領内米の払底は米価高騰を招き、天明3年7月には町方の小売米も底をついた。民衆による食糧確保の戦いは、打ちこわしというかたちで、まず青森で起こった（天明の青森騒動）。7月19日夜、青森町中に寄合への参加が訴えられた。要求は①廻米の停止、②翌年3月までの公定値段（1匁につき1升4合）での販売、③米留番所の廃止、などであった。翌20日朝、当時の青森町人口の約半数に相当する3000～4000人の町人が杉畑及び毘沙門境内（現香取神社）に集まった。緊迫するなか、寺町の嶋屋長兵衛が、買い占めていた米を隠し置こうとしたことが発覚したことから打ちこわしが始まり、嶋屋など10軒の商家が打ちこわしにあった。

　騒動勢は家から家財道具まで徹底的に取り壊し、米俵を門前に積み上げた。ただし、その行動は無秩序なものではなく、盗みを禁じ、違反者は処罰された。

　騒動勢の目的は、弘前藩の廻米策の強行と、それを支える商人らによる米穀の買い上げによって欠乏した青森町の飯米を確保し、町民が米を買える値段を設定させようとしたものであり、打ちこわしは米穀強奪ではなく町民全体のことを考慮しない者への制裁であった。

　弘前藩は21日に郡奉行ら100人ほどを派遣して鎮圧を図り、23日には首謀者46人を逮捕した。首謀者のうち、騒動を企て指導した頭取の多くは上層町民であった。首謀者は10月末までに釈放されたが、訴状を書いたことから頭取の筆頭とみなされた落合千左衛門だけは釈放されず、天明3年12月11日、病気のため72歳で獄死した。酒造業を営み町年寄も勤めた有力町人であった。

　騒動勢の要求はほぼ実現し、有力町人らは青森町の飢渇者への施行を行った。

　青森騒動は、7月22日には廻米の積み出し湊である鰺ヶ沢へ、翌23日には廻船の着船湊である深浦にも波及した。鰺ヶ沢では示威行為にとどまったが、深浦では蔵米を津出ししようとした問屋が

青森騒動の頭取　落合千左衛門の墓
（青森市三内霊園）「九三」は俳号「九三子」による。左は一族の伊勢屋十右衛門の墓

7月30日に打ちこわしにあった。

　7月27日には弘前も騒然となった。農村部の木造新田など28か村、約2000人が徒党を組んで貯米の返却を求めて弘前城下まで押しかけて強訴したのである。前述したように、安永期以降、藩が農民から拠出させていた貯米が次第に本来在るべき姿を失い、かたちを変えた年貢負担になっていることへの疑惑と怒りであり、貯米の下げ渡しを要求したのである。しかし、この貯米もまた廻米の一部として移出され、在庫は3分の1程度となっていた。飢饉状況が深刻化するなか、ようやく9月に入って要求がほぼ認められている。

　打ちこわしや強訴によっても飢餓状態から脱却できない領民は、天明3年8月半ばに稲作の青立ちが決定的になるや、集団的に藩境を越えて他国へ逃亡した。前掲の藤田小三郎家「家記」天明3年条に「百姓他散之事」として次のような記載がある。それは、「大凶作となり、餓死者が多数出ても、藩は貯米を配給することもせず、また、何らの救済手段も講じてくれない。怒った民衆は次々と他国へ出て行った。彼らにどこへ行くのかと聞いたところ、主人のいる国「主人之有之国」に行くのだと悪口を吐いた」、というものである。「主人」に値しない領主であるならば、立ち去りは自由だという意識であり、藩はここにいたって見捨てられたことになる。その数は1万人ともされている。しかし、他散（逃散）者が皆助かったわけではなかった。老人や足弱き者たちは、多くは大館辺りから戻るしかなく、道に迷い死ぬ者も多かった。また、津軽地方から10月下旬に仙台方面に向かった者も多かったが、仙台領もまた大凶作であった。期待を裏切られ、帰りの雪道のなかで死んだ者は幾千人にも及んだという。

　打ちこわしや百姓一揆は、百姓－領主間の恩頼関係（双務的関係）の中で、領主への要求を行い、その回復を求めるものであるとされる。領主は年貢徴収の見返りとして「御救」に代表される「仁政」を施すことによって百姓の生活を保障するという支配－被支配の関係である。他散はその仁政の破綻であり、百姓－領主の関係が断たれたことを意味している。前掲「家記」天明4年条には、「これまで他散の者がいたということは聞いたことがない」と記されている。天明飢饉における領主的危機の深刻さを物語っているのであり、一揆・打ちこわしの先には他散（逃散）があったのである。

● 飢饉供養塔は何を語っているのだろうか

飢饉は後世まで語り継がれ教訓とされる。と同時に、亡くなった人々の供養のために供養塔が造立されていく。弘前大学人文学部文化財論ゼミナールが行った津軽地方の飢饉供養塔の調査によれば、元禄飢饉に関するものが2基、天明飢饉が98基、天保飢饉が4基の104基が確認されている。天明飢饉に関するものが全体の約94%と圧倒的に多く、供養塔の数からも天明

専求院の飢饉供養塔（弘前市新町）
左から1基目と4基目が天明、5基目が
天保飢饉供養塔

飢饉の人的被害の大きさが知られる。また、天明飢饉の供養塔の分布は津軽平野の南半部に偏って分布しており、特に弘前の城下町とその周辺に多く、全く認められない青森町やその周辺とは対照的である。造立年が確定できるものが84基あるが、3・7・13・17・23・27・33・50回忌といった回忌ごとに建てられたものが圧倒的に多い。特に、弔い上げに当たる50回忌を挟んで前後する、天保元〜4(1830〜1833)年には全体の約3割に当たる27基が建てられている。

飢饉供養塔は50年もの間、造立を繰り返していた。その多くは村や町の人々が協力し合って造立したものである。このことは地域共同体の立ち直りを示しているものといえる。供養塔の分布はこの地域共同体の立ち直り方と恐らく関係しているのであろう。飢饉供養塔は村や町の再生を誓う人々の意思表示であり記念碑でもあったのである。　　　　　　　　　　　　　　（瀧本壽史）

＜参考文献＞
浅倉有子『北方史と近世社会』清文堂、1999年
菊池勇夫『飢饉から読む近世社会』校倉書房、2003年
関根達人編『弘前大学人文学部文化財論ゼミナール調査報告書III 津軽の飢饉供養塔』『同V 下北・南部の飢饉供養塔 補遺 津軽の飢饉供養塔』弘前大学人文学部文化財論ゼミナール、2004年、2005年
関根達人『あおもり歴史モノ語り』無明舎出版、2008年
瀧本壽史「宝暦・天明期津軽藩農村の諸問題」『弘前大学国史研究』第71号 弘前大学国史研究会、1980年
瀧本壽史「寛政改革と藩士土着政策」『津軽藩の基礎的研究』国書刊行会、1984年

12. なぜ農民たちは立ちあがったのか ―ロシア船の来航と一揆―

☞ 教科書では

18世紀末ごろの江戸幕府は、国内的にも対外的にも問題を抱えていた。国内的には百姓一揆や打ちこわしが頻発する。その一方で、日本沿岸にはロシアをはじめとする外国の船がたびたび出没するようになった。外国船の来航について教科書では蝦夷地や長崎に目が向けられているが、ロシア船の来航により弘前藩は大きく揺り動かされていたのである。そして、その影響は農民の生活にも及んだのであった。

● 弘前と言えば何の街？

2018年に100周年を迎えた「弘前さくらまつり（弘前観桜会）」は、県内外から毎年200万人以上の観光客が訪れる一大イベントである。その知名度もあってか、弘前市といえば桜や、築城400年を迎えた弘前城のイメージが強い。また、国内外に名を轟かせている屈指の特産物りんごや、夏祭りとして有名なねぷたをイメージする人も多いだろう。その他にも、「洋館とフランス料理の街ひろさき」など弘前市を特徴づけるものは数多く存在する。

「珈琲の街ひろさき」
ポスター

その中の一つに「珈琲の街ひろさき」というキャッチコピーがある。このキャッチコピーをPRするホームページには「弘前における珈琲の歴史は、約150年前まで遡ります。当時幕府の命により北方警備のため、弘前藩士が蝦夷地（現・北海道）に赴き、その時浮腫病の予防薬として配給されたのが珈琲です。」とある。

弘前市とコーヒーのつながりには「北方警備」＝蝦夷地の警備が関連したことが分かる。本章では外国船の来航という大きな歴史の流れのなかで、弘前にコーヒーもたらした蝦夷地の警備が、この地域にどのような変化をもたらした出来事だったのかを探っていきたい。

● ラクスマンはなぜ日本に？　ー人類のあくなき欲望ー

　まず、弘前藩にとっての蝦夷地警備に対する認識を確認したい。

　1839年、弘前藩の11代藩主津軽順承は家督相続にあたり、「財用を節し民を撫育するハ、国政之本にて、某並一統之急務ニ存候、特ニ蝦夷地警備ハ、家督相続第一之公務に付、心得方ハ申迄も無之」と、家臣に訓諭した。また、12代藩主承昭も家督相続にあたり、「蝦夷地之警固専務之折柄ニ付」と述べている。歴代の藩主が家督相続という場で、「蝦夷地警備」に言及していることから、藩のあり方にとって大きな意味や価値をもつことを示しているといえる。このように、蝦夷地警備が重要度を増した背景にはロシアの動きが大きく関係している。

　18世紀末以降、日本には多くの外国船が来航した。ロシアからは、1792年にラクスマンが漂流民の大黒屋光太夫を日本に送還するとともに、通商を求めて根室に来航した。なぜこの時期の日本に対して交易を求めたのだろうか。その理由は、ラッコなどの毛皮獣を捕獲するために必要となる、食料や日用品の補給地の確保である。元来ロシアにとって、毛皮は莫大な財を生む交易品だった。単なる防寒具としてだけではなく、良質なものは北方世界の人々にとって高い地位や身分を示すぜいたく品として、シンボルとなっていた。それまではシベリアで捕獲したクロテンの毛皮が主流だったが、ぜいたく品への欲望は尽きることなく、乱獲が進んだことで、クロテンの数は激減した。それでも毛皮を求めた人類は、新たなターゲットとなる毛皮獣が必要となった。そこに登場したのが北太平洋地域に生息していたラッコである。

　もともと陸生動物であったラッコは、厳寒の海で生活する動物のなかでは皮下脂肪の少ない動物であった。彼らが寒さの中で生き抜くためには、体毛の密度を高くし、その中に断熱のために空気を多く含ませることが必要であった。その構造を持つラッコの毛皮は、クロテンよりも毛並みが良いだけでなく、丈夫で防寒性、耐水性に優れた非常に上質なものであったため、清朝の中国やヨーロッパの上流階級に非常に好まれ、それまで以上に莫大な富を生み出していった。上流階級の人々の欲望は一気に北太平洋地域へと向かい、そこに日本とロシアの接点としての蝦夷地が現れた。そして、そのことが弘前藩が蝦夷地警備へと向かう契機になったのである。

● 弘前藩士、蝦夷地警備へ

　ロシア南下の実態は、老中田沼意次が派遣した蝦夷地探検隊の調査によって明らかとなった。特に1785年の調査では、1778年にロシア船が来航し、ロシア人がエトロフで越冬していたことが発覚した。また、1789年には、クナシリ・メナシの戦いが発生した。この戦いは、蝦夷地のクナシリ・メナシ地方のアイヌが、その地域でのアイヌとの交易を担った場所請負商人による過酷な強制労働や、出稼ぎでやってきた和人の横暴に対して蜂起したものである。当時、この蜂起がロシアと連携して行われたものだという噂が流れた。事実として連携はなかったのだが、幕府に強い危機感を与えた出来事であった。

　幕府は北方の動きを警戒し、弘前藩・盛岡藩・八戸藩の3藩に対し、松前藩からの要請があった場合には援軍を派遣するよう命じ、弘前藩では早急に派遣計画が立てられた。蜂起は松前藩により鎮圧されたため、援軍を派遣することはなかったが、幕府から動員解除の命が出るまで、援軍計画の編成、派兵にかかわる人員や装備の準備、また情報収集活動などが継続して行われた。

　弘前藩の蝦夷地への出兵は3段階に区分され、1669年のシャクシャインの戦いも含めたこのときのアイヌとの戦いへの対応が第1段階である。

　第2段階は蝦夷地に来航した外国船への対応としての出兵である。具体的には1792年のラクスマンの根室来航と、1796〜97年にかけてのイギリス船プロビデンス号の松前・蝦夷地沖への出没への対応である。ラクスマンとの通商交渉に際し、幕府の代表者が会見する際には、その護衛として出兵が命じられた。また、プロビデンス号の来航の後には、万が一の外国船の来航に備えて、弘前藩の人員を箱館に派遣し松前藩に加勢することが決定された。しかも、1799年までの3年間の勤番（1年交代)という命令である。

津軽藩士殉難慰霊の碑（北海道斜里町）

第1段階までの単発的な蝦夷地警備から、限定的な期間とはいえ、継続的な警備へと変化したことがこの段階の特徴である。

　第3段階は、幕府の蝦夷地直轄化に伴う恒常的な警備である。直轄化は1799年に東蝦夷地の仮上知、1802年の東蝦夷地の永久上知、1807年の松前・蝦夷地全域の永久上知という形で段階的に進められた。その度に、警備地や派遣人数は変動しているが、弘前藩が蝦夷地警備において先頭に立って行動することが求められるようになった。歴代の藩主の蝦夷地警備に対する思いはこの過程のなかで形成されていき、また蝦夷地警備という幕命に応えることこそが弘前藩のアイデンティティとなったのである。

　使命を果たすための課題の一つは、派遣する人員を整えることだった。その課題に対し、藩は百姓・町人・職人たちを郷夫として動員することで対応を図った。東蝦夷地の仮上知に伴う蝦夷地への派遣の際、藩が用意した足軽500人のうちの大半は動員された百姓たちであった。1807年から翌年にかけて、シヤリ（現：北海道斜里郡斜里町）で越冬した勤番100人のうち大半が「浮腫病」で亡くなる事件も起きたが、死亡者の約7割は強制的に動員された百姓たちであったという。そして、この「浮腫病」の予防薬がコーヒーであり、極寒の地から任務を終えて帰ってきた人々がその存在を伝えたことで、「珈琲の街」としての弘前が誕生したのである。

● 4万6000石から10万石へ

　このほかにも蝦夷地警備は弘前藩に大きな変化をもたらしている。もともとは4万6000石だった領地高が、1805年には7万石、1808年には10万石へと増加し、同時に津軽家の家格も上昇している。「文化の高直り」といわれる出来事であるが、領地高増加や家格上昇の理由は、蝦夷地警備の功績によるものだとされている。一見出世したかのように見えるこれらの事実であるが、あくまで役負担の基準となる領地高が増加したに過ぎなかった。つまり、実際に領地が増えたわけではなく、実質的な石高は4万6000石のままであったため、負担が増加する一方で、その負担を賄うための収入源は全く増えていないという状況に陥ったのである。増加した役負担に応えるためには、民衆からの徴収が必要となる。藩では年貢増徴を目的とし、新田や廃田の開発、隠田（藩に隠

している土地）や縄延地（帳簿上より広い土地）の摘発などを実施した。開発には百姓たちが多数動員されており、年貢の増徴だけでなく、そのための準備までもが百姓たちの負担として課せられたのであった。

さらに、当時の藩主津軽寧親は10万石への高直りを機に、弘前城天守の修築許可を幕府に求め

弘前城天守
（2018 年 8 月撮影）

た。辰巳櫓の改築であれば問題ないという回答を受けて1809年、土台づくりから普請を開始した。1811年の初めには天守が竣工しており、このときの天守が現存するものである。幕府からの回答にある以上、名目上は櫓の改築だが、その規模や完成した天守から考えると、実質上は新築といってもよいものである。普請事業には4000両の費用が見込まれ、多くの人夫も必要とした。そのため、禄高100石につき1年に10人の割合で人夫を差し出させたのだが、そのほかに百姓や町人も駆り出されている。

● そして農民は立ち上がった

これまでみてきたように、蝦夷地警備にかかわる準備や人的動員、領地高や家格の上昇に伴う負担の増加、天守の普請に伴う徴発など、多くの面で農民たちに藩が背負うべき負担が転嫁された実態がみえてくる。特に、人的な動員が増えれば、本来の生業に従事する時間も労力も減り、疲弊の度合いは強まっていく。その不満が限界に達したとき農民がいよいよ立ち上がることになる。

1813年9月22日、駒越組（現在の弘前市・中津軽郡西目屋村・西津軽郡鰺ヶ沢町地域）の農民ら数人が弘前城下に強訴を起こそうとした。結果として未遂に終わったが、これを皮切りに数日の間に現在の黒石市・平川市・田舎館村周辺の農民たちが強訴の相談や計画を行ったことがわかっている。それほどまでに農民の不満は増大しており、その最大の動きとして現実化したものが「民次郎一揆」である。

1813 年 9 月 28 日、藤代組（現在の弘前市・北津軽郡鶴田町地域）、高杉組（現在の弘前市・西津軽郡鰺ヶ沢町地域）、広須組（現在のつがる市地域）、木造新田（現在のつがる市地域）の四組と岩木川左岸の農民たちが年貢減免などを求めて、弘前城北門（亀甲門）に強訴に及んだ。藩の役人に願書を手渡し、自らが首

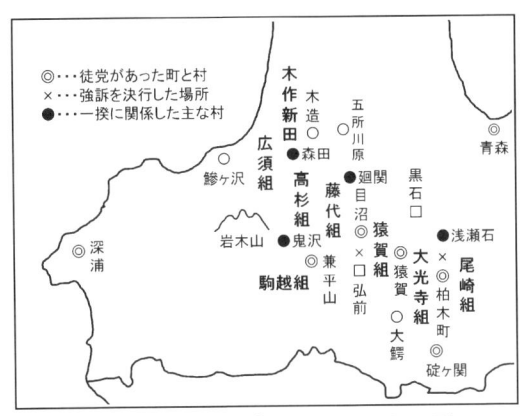

徒党・一揆関係略図（文化 10 年 9 月）
山上笙介『続つがるの夜明けよみもの津軽藩史 下巻之壱』（陸奥新報社、1973 年、35 頁に掲載）より

謀者だと主張して唯一斬罪に処せられた「高杉組鬼沢村（現在の弘前市鬼沢）彦兵衛次男民次郎」の名から、この強訴は「民次郎一揆」とよばれている。一揆の規模は文献によって様々であり、700 〜 800 人とするものから約 2000 人とするものまであるが、直前の活発な農民の動きを考えると、2000 人という大きな規模で行動が起こされたとしても不思議ではない。

　この一揆はいわゆる惣百姓一揆に分類される。惣百姓一揆は、一般的に農民たちが年貢軽減や不正を働く代官の交代などを要求する行動として理解される。また、学校で使用される教科書や資料集には、同時期に都市で頻発した打ちこわしの発生件数とともに、百姓一揆の発生件数のグラフが飢饉の発生した年を記したうえで掲載されていることが多い。このことは、百姓一揆の原因は飢饉であることを示している。しかし、民次郎一揆には従来の百姓一揆像とは違う側面がみえる。

『津軽歴代記類下』文化 10（1813）年 11 月 25 日条
　「世評に全く当年不熟作之故を以て斯擾乱に及可申子細無之、去年は別而豊饒にて食料に可迫所もなき筈也、然るに近年の過役三拾年以前に三増倍と申事に候、訳は公儀方人馬賃銭、松前郷夫出銭等にて在方疲弊に及び、夫に開発方、地面調方、鍬伸地広を改め、旁にて人心疑惑を生じ候所より諸方一時に沸騰いたし候趣に候」

前頁の資料は、『津軽歴代記類下』において一揆の原因について記された部分を抜き出したものである。早くも冒頭で、「擾乱」つまり民次郎一揆の原因が「不熟作」ではないことが記されている。むしろ前年は「豊饒」で食料に困窮する状況ではない。しかし、30年前に比べて農民に課せられる負担が3倍になっていることが示されている。原因は、「公儀方人馬賃銭」（北方警備のために松前や蝦夷地に向かう公儀役人たちへの人馬の供給などのための出費）と、「松前郷夫出銭」（松前への出兵の際に藩士が連れていく人夫として動員される農民たちが、自ら負担しなければならない準備費用）であった。藩のアイデンティティである蝦夷地警備によって、「在方疲弊」の状況に追い込まれている実態が示された資料であり、飢饉だけが原因となった百姓一揆でなかったことがよく分かる。また視野を広げれば、ロシアの交易拡大という世界史的動向と、外国船の来航という国家的課題へのしわ寄せが、津軽という地方に住む人々の負担増大につながったということもできる。

　民次郎一揆が要求した年貢の減免は、一部が認められることになったが、この成果は、民次郎一揆の前段階も含めた一連の動きがもたらしたものだったと考えるべきだろう。

● 民次郎のその後

　さて、民次郎一揆の首謀者であるが、瀧本壽史氏の研究により、近世に書かれた史料を見る限りでは民次郎ではなく「庄屋理兵衛」という人物ではないかという可能性が示されている。にもかかわらず、「義民民次郎」として語り継がれるようになったのは、明治期の動きのなかに要因がある。まず、明治初期に様々な資料が編纂されたとき、民次郎と一揆の首謀者を結びつけてしまうような記載の混用がいくつかみられた。また、明治10年代に「義民民次郎」の顕彰碑建立計画が持ち上がった際に書かれた趣意書等によって、伝承としての「義民民次郎」像の原型が完成されたようである。

　実際に首謀者であったかどうかはさておき、「民次郎」という存在は現代において地域の象徴的存在として継承されている。1960年ごろには地域の人々よって生涯を描いたスライドが作成され、2017年にはカラー版が作成されている。また地元有志が、鬼沢地区の「鬼伝説」とともに民次郎を題材とした創

作劇をつくり、地元の小学校などで上演している。さらに、彼の名を冠した「民次郎公園」もつくられ、没後200年にあたる2013年に鬼沢地区で制作した「ねぷた」は、民次郎一揆を題材としたものであった。

　これらの事柄からは、様々な形で「民次郎」という存在を継承することによって、コミュニティとしてのつながりや地域の振興を図ろうとする地域住民たちの姿が浮かび上がる。一揆という過去の出来事が、当時の人々の生活を守るための戦いであっただけでなく、200年を経て現代に生きる人々にとって地域を次代につなげるための原動力にもなっているのではないだろうか。

（鈴木康貴）

【もっと知りたい人のために】

　弘前市立自得小学校の校門の左手には、「義民民次郎出生之地」と記された碑がある。1952年に建立されたものであり、今なお大切にされている。

　また、この小学校の校歌には、「義人生まれし其土地に」という一節があり、地域の人々にとって民次郎という存在がいかに大きなものであるかをうかがい知ることができる。

　弘前市立自得小学校
　　弘前市鬼沢字菖蒲沢109-4

義民民次郎出生之地碑

<参考文献>
青森県文化財保護協会編『津軽歴代記類下（みちのく叢書第5巻）』国書刊行会、
　　1982年復刊
長谷川成一・村越潔・小口雅史・斉藤利男・小岩信竹『青森県の歴史』山川出版
　　社、2000年
瀧本壽史「義民・民次郎一揆再考」浪川健治・河西英通編『地域ネットワークと
　　社会変容―創造される歴史像―』岩田書院、2008年
宮崎正勝『北からの世界史―柔らかい黄金と北極海航路―』原書房、2013年

13. 東奥の自由民権運動は何を目ざしたのか

☞　**教科書では**

　自由民権運動は、それまで統治されてきた人々が、自分の所属する社会のあり方を構想した点、かつ、その実現を目ざす運動実践が各地に広がった点において画期的な出来事であった。教科書では、大久保利通らの専制政治、政府を去った板垣退助らの行動、不満士族の反発、メディアの発達、明治14年の政変と国会開設勅諭、激化運動などが扱われている。全体として、西日本の動向に視線が向けられ、幕末から戊辰戦争にかけて存在感を増していった薩摩・長州・土佐藩に出自を持つ人物が取りあげられている。このことは、確かに自由民権運動の実態を反映しているのかもしれない。しかし、東日本の先端に位置した青森県・津軽においても自由民権運動は活発に展開されていた。その民権主張には、どのような地域的特質や歴史的意味がみいだせるだろうか。

● なぜ弘前では運動が盛んだったのか？

　国会開設を求める建白書の提出や私擬憲法の作成、政治結社の組織化、新聞・雑誌の発刊といった教科書に掲載されている一般的な事項に対応した動きは、青森県内でも様々に確認することができる。その際、青森県の自由民権運動は弘前地区を中心に展開されていたことが知られている。例えば、『青森県史　資料編・近現代1』には、1880年から1882年にかけて青森県内で開催された政談演説会の全75件の

うち、実に71件が弘前警察署管内で開かれていたことが記されている。なぜ、弘前地区が自由民権運動の中心地となったのだろうか。そこに深く関わっているのが、東奥義塾の存在である。

　現在はキリスト教系の私立

旧東奥義塾外国人宣教師館（弘前市下白銀町）

学校として知られる東奥義塾高
等学校（弘前市石川地区）は、
その系譜をたどると弘前藩の藩
校・稽古館まで遡ることができ
る。稽古館は 1871 年の廃藩置
県に伴い廃校され、翌 1872 年
5 月に弘前漢英学校が設置され
たが、その直後に近代的な教育
制度を整備すべく発布された学
制（1872 年 8 月）を契機とし

稽古館・東奥義塾跡の碑（弘前市下白銀町）

て東奥義塾（1873 年 2 月開学）へ移行することとなった。この東奥義塾の創
成期の活動を支えた中心的な人物に菊池九郎（1847 ～ 1926）と本多庸一（1849
～ 1912）がいる。

　菊池は地方新聞『東奥日報』の初代社長のほか、弘前市長（初代、第 7 代）
や衆議院議員、山形県知事などを歴任した人物である。他方、本多は明治期の
キリスト教会界の中心人物の一人として知られ、東京英和学校長（後の青山学
院）や日本メソジスト教会監督などを歴任している。二人はともに弘前藩士と
して稽古館で学び、戊辰戦争時に行動をともにした盟友でもあった。東奥義塾
の創設に際しては、菊池が慶応義塾で学んだ経歴を生かしながら学校運営の中
核を担い、本多は 1874 年 12 月から塾長を務めている。そして、二人は東奥義
塾を拠点として「共同会」と呼ばれる結社を組織して自由民権運動を推し進め
ていった。

　菊池・本多は国会開設にむけた建白運動を先導するとともに、青森県民に檄
文を発信するなどの言論活動を展開している（『青森県史　資料編・近現代 1』
2002 年に所収）。また東奥義塾は、青森県初の活版印刷による評論雑誌とされ
る『開文雑誌』（1878 年 9 月創刊）を刊行している。当時の東奥義塾では、メ
ソジスト派宣教師として 1874 年に赴任したジョン・イング（1840 ～ 1920）が
持ち込んだ「文学社会」（Literary Society）という教育活動によって、時事問
題についての弁論・討論学習が活発に取り組まれていた（北原かな子『洋学受
容と地方の近代―津軽東奥義塾を中心に―』岩田書院、2002 年）。こうした政

治学習と連動して、『開文雑誌』には地域振興や民権思想などを題材とした啓蒙的な論説が掲載されていた。

明治初期の日本社会は近代化を達成するために欧米の文物や思想を貪欲に摂取していたが、こうした動きは青森・津軽地方にも及んでいたのである。その際、こうした取り組みが中央政府による上からの指導によってではなく、地方に身を置く人々の固有の課題意識と主体的な努力によって進展していた点は注目に値しよう。

では、菊池や本多に代表される弘前藩の士族たちは、何故これほどまでに人材育成に力を尽くし、国会開設や民主的な諸権利を求める運動を熱心に展開していたのだろうか。その根底にある課題意識を探ってみよう。

菊池九郎の碑（弘前公園内）

本多庸一像（青山学院大学）

●「第二の維新」への想い

近年の歴史研究では、自由民権運動のなかに日本社会の民主主義の源流を探ろうとする従来からの関心に加え、この運動を国民国家形成運動あるいはナショナリズムを定着させる草の根的な愛国主義運動として捉えなおす見方が提起されている。また、近代の日本社会においては大規模な戦争後に「デモクラシーの時代」が到来することに着目して、自由民権運動を「戊辰戦争後デモクラシー」として性格づけようとする研究視角も登場している。これら国民国家論や戊辰戦争との関連を探る新たな研究潮流に照らしてみると、津軽地方で形成された民権思想の興味深い姿が浮きあがってくる。

斉藤新一郎「東奥人士に一言す」(『東奥日報』1889年2月3日)
…前略…回顧すれは彼の戊辰革命の際に当り、我か白河以北の人士誤て天下の大勢に逆ひ一敗地に塗れしより、寒去り暖来り、燕帰鴈翔、歳月人を待たす、已に二十余の裘葛を送り茲に所謂第二の維新とも称す可き国会開設前一年とはなれり、然るに我か東奥人士は其の天資の美風なる剛勇淳撲の気骨と忠烈義憤の風俗とを以て、拮強奮勉相ひ励み相ひ戒め、時を待ち機を得以て聊か平生の素志を達し、国民たるの義務を全ふし、天下の人士に向て一面目を立てんことを誓ひたりき、然るに皇天皇其の誠忠を察し、我か東奥人士に向て与ふるに第二維新の先登者たり全勝者たるの権利を以てせり、是に於て我か東奥の名声四海に喧しく、先の凌辱軽侮する者と雖とも今は頓に畏怖敬慕の念を起さんと欲するに至れり、皆な曰く薩長に代て起る者は東奥人士なり、専制の政略を一掃して自由の制度を断行するは東奥人士なりと、嗚呼我か東奥人士の一挙一動に注意せさるはなし、嗚呼亦た盛ならすや、是れ余輩の我か東奥人士の為めに賀せんと欲する所以なり…後略…

　上に示した資料は、当時、民権派の機関誌的な性格を備えていた『東奥日報』に掲載された1889年2月3日付の論説である(『青森県史　資料編・近現代7』に再録)。国会開設を1年後に控えた時期に書かれたこの論説は、まず戊辰戦争に際して「白川以北」の東北諸藩(奥羽越列藩同盟を指しているのであろう)が大敗したことを回想している。その上で、「第二の維新」とでもいうべき国会開設運動においては東奥人士こそが「先登者」かつ「全勝者」にならなければならない、と説く。そして「薩長」に代わり東奥人士の手によって専制政治を打破して自由を打ち立てることを呼びかけ、これまで「凌辱軽侮」してきた者たちから「畏怖敬慕の念」を呼び起こし、「東奥の名声」を世界に響き渡らせることを唱えるのである。

　ここに示されているのは、「東奥」に対する強烈な地域的アイデンティティと、その自覚のもとに「第二の維新」の中核を担おうとする強固な意志である。特徴的な点は、こうした言明が戊辰戦争を契機に東北諸藩が抱え込んできたコンプレックスに基礎づけられ、かつ薩摩・長州への苛烈な対抗意識に根ざして展開されている点である。いわば「第一の維新」での敗北によって背負い込んだ屈辱を挽回すべく、国会開設運動を「第二の維新」と位置づけ、次こそは中核的な役割を担おうとする悲壮な決意が表明されていた。

　このように眺めてみると、戊辰戦争は近世期の身分社会の解体を進めていっ

たが、それによって生まれた新しい活動領域を担おうとする野心的な意欲と、他方で近世社会の既得権益を失うことへの不満・不安が同居する複雑な心性が形づけられていたことがみえてくる。そして、天皇の権威を批判するのではなく、それを活用する形で「東奥人士」の主体形成が構想されている点も見逃すことができない。いわば臣民意識を胎動させながら民主的な社会変革が構想されており、ここに皇国思想と結合した民権主張の一端を垣間みることができる。この時期の自由民家運動の担い手たちのなかには、民権の伸長を目指すと同時に、対外的には国権の伸長を標榜する者も多く、その内部にアジア諸民族への優越意識や「征韓論」を抱え込んでいる場合も珍しくなかった。そのため、日清・日露戦争への対抗軸になり得ないばかりか、むしろアジア侵略の先兵的役割を担う者さえいた。その後の大正期には「内には立憲主義、外には帝国主義」という時代状況が生まれていくが、それを支える意識が既にこの時期の自由民権思想に潜在していた。

● **運動の推移とその帰結**

さて、自由民権運動は1881年に明治政府が国会開設を宣言したことで新しい局面を迎えることとなる。「政府は国会を開設しない」という前提に立って「私立国会」の開設を目指してきた国会期成同盟系の運動は、方針転換を余儀なくされ、次第に混迷して求心力を失っていく。この間、展望を見失い急進化する活動家や貧しさに喘ぐ人々による暴力行為も増えていく。

こうした中、青森県・津軽地方では1881年に起きた「弘前事件」と呼ばれる政争が契機となり、共同会が推進してきた自由民権運動が停滞していった。この出来事は県令・山田英典が共同会会員・館山漸之進を東津軽郡長に任命したことに端を発し、この共同会寄りの姿勢を批判した県議会長・大道寺繁禎と中津軽郡長・笹森儀助が抗議辞職した。大道寺は第五十九国立銀行（現青森銀行）の初代頭取として知られる人物であり、笹森は南西諸島・千島列島などを調査探検した人物として著名である。その後、笹森の後任に館山、大道寺の後任には菊池九郎が任命されるが、県令・山田が急死したことで事態は急転した。山田の後に県令に就任した郷田兼徳は館山と菊池を辞職に追いやって反民権派の姿勢を鮮明にすると、明治政府を後ろ盾にして東奥義塾の運営にも介入し、旧

【もっと知りたい人のために】

津軽藩の藩校・稽古館および東奥義塾は、弘前城に隣接する下白銀地区に創設された。現在は弘前市観光館や弘前市立図書館、郷土文学館などが所在している。その一角に旧東奥義塾外人教師館が残されているほか、「津軽藩校稽古館跡地」、「東奥義塾跡地」、「弘前市市制百周年記念追手門広場」の三つの石碑をみることがで

弘前教会（弘前市元寺町）

きる。藩校時代の資料は、弘前市石川地区に所在する東奥義塾高等学校・図書館で保管されており、閲覧もできる。

弘前市元寺町にある弘前教会は、1875 年に本多庸一やジョン・イングらによって創設され、東北地方で最も古い教会として知られている。教会の敷地には「本多庸一先生記念之碑」がある。

藩主津軽家からの補助金の打ち切りや県立学校への移管を検討するにいたったのである。結局、東奥義塾関係者による懸命な抵抗により廃塾は免れたものの、塾長・本多が退任するなどのダメージを負うこととなった。

その後、青森県の自由民権運動が再活性化するのは 1888 年のことである。きっかけとなったのは、「大同団結」を掲げて民権派の統一運動を進めていた後藤象二郎の来訪であった。東北各地で遊説活動を行っていた後藤は、8 月 2 日に秋田・大館から碇ヶ関を経て弘前に入り、8 月 9 日にかけて浪岡、青森、七戸、八戸などを歴訪している。その様子を記録した武藤嘉十郎『大同団結：東北漫遊』（1888 年 12 月）の 8 月 2 日の記録には、弘前について「政治社会に多く人に知られた土地柄」であり、政治への関心をもつ「有志家」が多いことが記載され、熱狂的に歓迎する市民の様子が「美服を着飾りて市街を俳徊せしは其盛況大祭日を見るか如くなりし」と綴られている。翌 8 月 3 日の記録には、長勝寺で開催された親睦会に 600 名ほどの参加者があり、後藤の演説が拍手喝采を呼び起こしたことが記されている。そして、8 月 4 日は東奥義塾の視

察後、劇場・柾木座（弘前市元寺町）で開催された政談演説会の様子が記され
ている。会場となった柾木座は 2500 〜 2600 名ほどの収容力を誇ったと記され
ているが、この日の演説会は「非常に大入り」で「混雑の余木戸を押破りて警
察の厄介となりたるもの四五名あり実に東京にも珍らしき盛会なり」と、その
熱狂ぶりが描かれている。後藤は、この遊説活動で長野・新潟・山形・秋田・
青森・岩手・宮城・福島・茨城の各県を訪問しているが、青森県とりわけ弘前
における盛り上がりは群を抜いていたようである。

　この後藤の来県から程なくして、青森県知事・鍋島幹（佐賀出身）の辞職を
求める抗議運動が起こっている。原因となったのは、明治政府定期刊行物『官報』
（1888 年 7 月 28 日付）の記載内容であった。「府県事務並景況・青森県・演劇
其他ノ諸興業ニ関スル概況」の項のなかで、演劇場の積雪倒壊を防ぐ衛生・安
全規則を設置することに言及する際に「本県ノ如キ稍々無神経ノ人民ナレトモ
之ヲ喜フ」との表記があったほか、「賭博犯ノ概況」「浮浪乞食ノ模様」の項で
は「愚民」の語が用いられていた。これらの文言が県民意識を刺激して辞職勧

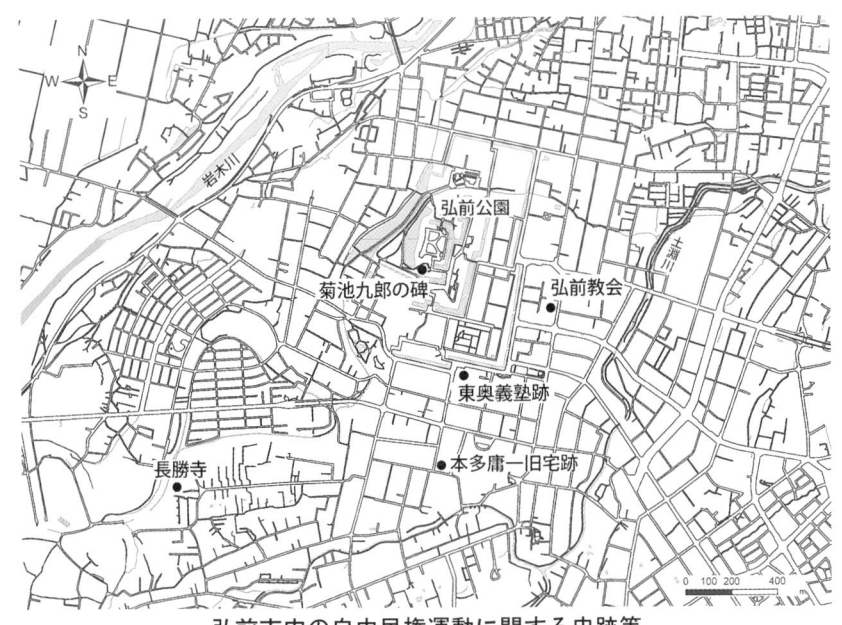

弘前市内の自由民権運動に関する史跡等
（国土地理院基盤地図情報を用いて作成）

告運動や郡長・戸長の抗議辞職騒動へと発展し、「無神経事件」と呼ばれる事態を招くことになった。

　現在の公選知事制が開始されたのは 1947 年であるが、それ以前は中央政府・内務省が知事任命権をもっていた。自由民権運動期の青森県は、斗南藩士族が引き起こした千葉県庁襲撃未遂事件（思案橋事件、1876 年）などの影響もあって「難治県」のひとつと意識され、中央から派遣された県令・知事の多くが愚民観をもって県政にあたったことが指摘されている（『図説　青森県の歴史』河出書房新社 1991 年）。

　こうしたプロセスを経て開催された第 1 回衆議院総選挙（1890 年 7 月）において、青森県の選挙区ではどのような結果が示されたのだろうか。青森県には 3 選挙区（定数 4 人）が割り当てられていたが、全議席を立憲自由党が占める結果となった。同選挙では全 300 議席中、政府寄りの大成会 79 議席、同じく政府寄りの国民自由党 5 議席、反政府系の立憲自由党 130 議席、同じく反政府系の立憲改進党 41 議席、無所属が 45 議席をそれぞれ獲得している。全体として立憲自由党の躍進が目立つものの、同党が全議席で勝利を収めたのは青森県のほか福井県、高知県、宮崎県、鹿児島県の 5 県にすぎなかった。この結果からも、大同団結運動を契機として青森県の自由民権運動が勢いを増していった様子を垣間みることができよう。

（小瑤史朗）

＜参考文献＞
河西英通『東北―つくられた異境―』中公新書、2001 年
河西英通「北の自由民権」河西英通・脇野博編『北方社会史の視座　第 3 巻』清
　　文堂出版、2008 年
松沢裕作『自由民権運動―＜デモクラシー＞の夢と挫折―』岩波新書、2016 年

14. 弘前に置かれた第八師団 ―日清・日露戦争と津軽―

☞ **教科書では**

　日清戦争での日本の勝利によって、東アジアをめぐる国際環境は変化する。特にロシアの動向は日本にとって警戒すべきものとなり、同じくロシアの勢力拡大に危機感を抱いていたイギリスとの間に日英同盟が結ばれた。国家としてロシアとの戦争に備える必要に迫られたなかで、第八師団が弘前に設置された。また、寒冷地での戦闘を見据えた八甲田山での雪中行軍が実施されたが、多くの犠牲者を出す悲劇を生んでしまった。

● **幻の「弘前県」**

　弘前市は江戸時代には城下町として繁栄した。また、戦後には県内唯一の国立大学が設置され、学都としての性格を強めていった。では、城下町から学都に変貌するまでの期間、弘前はどのような性格を持つ都市だったのだろうか。

　1869 年の版籍奉還や 1871 年の廃藩置県の実施により、日本の行政区分は大きく変化した。1871 年 7 月 14 日の段階で、後の青森県に相当する地域には、弘前県のほか八戸県・七戸県・黒石県・斗南県の 4 県が成立した。また、9 月 4 日には全国的な府県合併の流れの中で、北海道の館県を加えた 5 県を弘前県に合併する太政官令達が出され、最終的な「弘前県」が完成した。

　9 月 5 日、弘前県大参事として野田豁通が就任した。熊本藩の出身だが、箱館戦争には青森口全軍会計統括として関わったため、弘前藩の重臣や富豪層との交渉経験から、本県の問題点を熟知していたようである。野田は着任前「県庁を青森に移転すべきだ」という伺書を大蔵省に提出している。主な理由は、①弘前が北海道の館や八戸・斗南から離れていること、②県庁を「旧庁（弘前藩庁）」にすると旧弊から脱せず「御一新」の目的を達成できないこと、③青森町は陸奥・出羽両国における第一の大湊であり海運の便が良く、陸奥や北海道の渡島の管轄には最適であること、などが挙げられている。

　この伺書を受け、9 月 23 日に県庁は青森へと移転された。県名も「青森県」に改称され、幻の「弘前県」はわずか 19 日で幕を閉じ、県政の中心は青森へ

と移行することになった。県庁移転に伴う反対運動は、あまり表面化しなかったようであるが、長らく中心としての役割を担った歴史があるため、何の感情もなく見届けたとは考えづらい。県庁が青森に移り、県名が「青森県」となったことが、後の弘前という都市の性格を特徴づけるひとつの要因になった。

● 日清戦争の結果はどのような変化をもたらしたか？

　明治政府は近代的な軍隊制度を敷くために、明治4年に鎮台制を創始した。全国の重要地点に「鎮台」を設置し、本営と分営により各地方を統治する制度である。8月に設置されたのは東京・大阪・鎮西（小倉。当分の間は熊本）・東北（仙台）であり、東北鎮台の第一分営は青森に設置された。

　1872年の徴兵告諭、翌年の徴兵制の制定による兵制の整備に伴い、東京・仙台・名古屋・大阪・広島・熊本を本営所在地とする6つの軍管（軍隊の管轄区域）が定められた。仙台を本営としたのは東北地方を管轄する第二軍管であり、営所（兵隊が居住する場所）は引き続き青森に設置された。また、1874年11月に歩兵連隊が初めて編成されたとき、歩兵第五連隊が青森に置かれた。このように、鎮台制施行期（1871年〜1888年）は県庁が置かれた青森を中心に軍事秩序が展開されていた。

　1894年からの日清戦争で歩兵第五連隊は、北洋艦隊の本拠地である山東半島の威海衛攻略を任務とする第二軍に組み込まれた。朝鮮半島をめぐるこの戦争での勝利は、清を頂点とする東アジアの国際秩序を崩壊させた。日本が朝鮮半島に進出したのは、ロシアの南下によって日本の独立が脅かされることを警戒し、先に朝鮮半島を確保したかったからである。しかし、日本の勝利は清の弱体化を露呈させ、むしろロシアを含めた欧米列強の動きを活発化させる結果となったのは皮肉なことである。

大本営跡の石碑
（弘前大学内）

● 第八師団の設置

　この状況に対応するため師団数の増加が計

画された。1896 年 3 月 14 日付の官報に掲載された陸軍管区表改正の勅令によって、第八～第十二師団の 5 つを増設が決定した。そのうち第八師団は弘前市（師団司令部は現在の弘前大学理工学部と農学生命科学部がある敷地）に設置されることとなり、青森・岩手・秋田・山形と宮城県の一部を管轄することも決められた。ロシアに対する危機感が迫るなかで、北海道に第七師団が設置されながらも、弘前に新たな師団が設置されたことの意味は大きい。明治政府から見た北海道は、日本に編入したばかりのいわば「国内植民地」に過ぎな

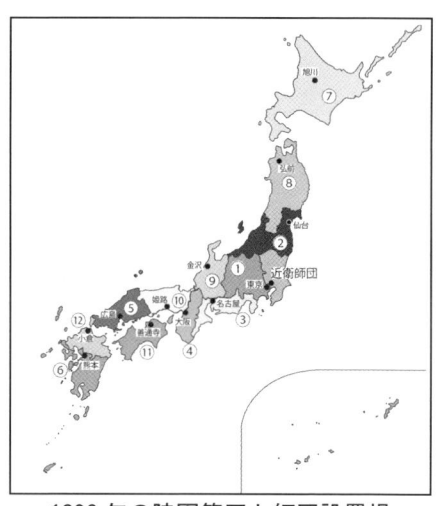

1896 年の陸軍管区と師団設置場
（荒川章二「陸軍の部隊と駐屯地・軍用地」荒川他編『地域のなかの軍隊 8　基礎知識編』吉川弘文館、2015 年、63-71 頁を参照して作成）

かった。そうなると、国土を守る最終ラインは津軽海峡であり、「北の押さえ」としての役割は第八師団が担うことになる。つまり、日本にとって重要な課題である独立の安定を、最前線で担う役割が弘前に与えられたといっても過言ではない。

　弘前市やその周辺町村にとって、師団が設置されることは好意的に受け入れられたようである。師団設置の決定後、弘前市や周辺町村では誘致のための運動が展開され、各地域の特徴や利点をアピールした陳情が行われた。このような好意的な動きが展開された要因のひとつには、県庁を青森に奪われたことへの対抗意識がある。加えて、経済効果が見込めることも大きな要因だろう。師団が設置されれば、それに伴う人口の流入がある。人口の増加は各方面での消費を促すため、経済効果が見込めるということである。

　師団の設置がスムーズに進んだことは陸軍にとっては好都合だったに違いない。国家的大事とはいえ、師団設置に関連した大規模な反対運動が展開されれば、軍にとってはマイナスイメージになる。徴兵制を敷き、一般市民で組織を作り上げなければならない以上、軍のイメージ低下はできるだけ回避したかったはずである。「地域の理解」という最大の壁を容易に乗り越えられたからこそ、

次の段階に進めたのであろう。ただし、それが「住民の理解」だったのかは一考する必要がある。

雪中行軍遭難記念像（青森市）

● なぜ冬の八甲田に向かったのか？

第八師団を語る上で欠かせない出来事が、日本史上未曾有の山岳事故となった「八甲田山雪中行軍遭難事件」である。青森市の第八師団歩兵第五連隊210名が1902年1月に冬の八甲田で遭難し、199名の犠牲者を出した事件である。この事件は、新田次郎氏の小説『八甲田山死の彷徨』やそれをもとに製作された映画『八甲田山』で世間に広く知られることとなった。

右上の写真「雪中行軍遭難記念像」は、救援を呼びに行く途中で動けなくなったところを発見された後藤房之助伍長をモデルにつくられたものである。発見まで仮死状態で立ち続けたことが、この事件をめぐる美談のひとつともなっている。また、現在青森市にある陸上自衛隊第五普通科連隊は、毎年慰霊を兼ねたスキー演習を行うなど、様々な形で記憶に残る出来事である。

冬の八甲田山といえば豪雪地帯で有名であり、積雪が3m以上になることもある場所である。そのような状況の中で、なぜ雪中行軍は実施されたのか。これまでの流れからもみえてくるように、ロシアとの戦争を想定した動きである。ロシアとの戦争となれば、主戦場は朝鮮半島や中国東北部の寒冷地になることが想定されていた。日清戦争の際に寒冷地での戦闘に苦戦した経験もあったため、第八師団ではロシアとの戦闘を想定した訓練を展開しており、その一環として行われたのが雪中行軍なのである。

行軍の主眼は、ロシアが太平洋岸に上陸し、日本鉄道（東北本線）や陸羽街道が分断された場合に、降雪期の代替路の確保が可能であるかを調査することであった。そのためには、青森から田代を通過して三本木平野まで辿り着けるかどうかを判断し、雪中における軍の動きや物資の輸送がどの程度可能なのかを調査する必要があった。

1902 年 1 月 18 日には、本番の行軍に先立ち、小峠までの 1 日行軍が実施された。好天に恵まれたこの日はトラブルもなく日程を終えることができた。本番の行軍が開始されたのは 1 月 23 日である。その日の早朝、210 名は屯営を出発した。低気圧の影響で徐々に天候は悪化し、24 日から北日本は記録的な寒波に覆われ

八甲田雪中行軍参加者の出身県と死者数の内訳

出身県	参加者数	死者数
青森県	6 名	5 名
岩手県	144 名	139 名
宮城県	48 名	46 名
その他	12 名	9 名
合計	210 名	199 名

た。青森測候所の観測では 27 日まで平均気温は氷点下 7〜9 度までを推移した。全国的にも南西諸島を除く日本全国で氷点下まで気温が下がるほどであったという。このような天候は、近年の猛吹雪の原因としてよく耳にするようになった、いわゆる「爆弾低気圧」によるものだったといえるのではないだろうか。

23 日の午後 8 時 30 分頃、当初予定していた田代への到着は不可能だと判断され、大隊長山口鋠少佐は行軍の指揮を取る神成文吉大尉に露営を命じた。しかし、小隊 40 人が入れる雪濠をつくろうとしても、2 m 以上掘ったところで地面は出てこず、やむなく雪の上で調理を始めたが、ようやく炊けた米は 1 食分にも足りない上、しっかりと炊けていない状態だった。このとき気温は氷点下 20 度以下になっていた。そのため十分な睡眠をとることもできず、1 時間半以上の仮眠を取ったものはいなかったという。

24 日の午前 1 時 30 分頃になり、多くの凍傷者が出る恐れが生じたため山口少佐は神成大尉に帰営を命じた。その命を受けて、午前 2 時 30 分ごろ露営地から出発するが、悪化する天候のなか、深夜の出発となったこともあり、行軍は過酷を極めた。30 分ほどで道に迷い、もとの露営地に引き返したが、留まることなく行軍は続けられた。生還者の話によれば、山口少佐が周辺の道に詳しいという兵士の話を受けて、指揮官である神成大尉への相談もなく行軍を続けたとのことである。

その結果、25 日の朝には全体の 3 分の 1 が命を落としたとされており、最終的には 210 名中 199 名が命を落とすことになった。まさに小説のタイトル通り「死の彷徨」である。

● もう１つの行軍

　悲劇を生んだ歩兵第五連隊の雪中行軍の同時期に、弘前にあった歩兵第三一連隊も雪中行軍を実施していた。福島泰蔵大尉が指揮官を務めた行軍の目的は、積雪時に十和田を横断して軍隊を津軽から南部に移動させることができるか、そして、八甲田山を横断して軍隊を三本木から青森港に進出させることができるかというものであった。歩兵第五連隊と同様にロシアの侵攻を想定したものであったが、弘前・三本木（十和田市）間、青森・三本木間という２つの代替路を踏破しようとする壮大な計画である。そのため行軍は1902年1月20日から29日まで、9泊10日の日程で実施された。到着日は当初の予定よりも1日遅れ、脱落者2名を出したものの、犠牲者を出すことなく行軍を終えた。

　成功した歩兵第三一連隊の雪中行軍は、歩兵第五連隊の雪中行軍に比べると認知度が低いように思われる。それはなぜなのだろうか。当然、199名の犠牲者が生じたという衝撃的な事件の影に隠れてしまっているということもあるだろう。しかし、それだけではなく、軍が行った遭難事件後の対応にも、その要因がみられる。

　歩兵第五連隊遭難の事後処理を行うために取調委員会が設置され、関係者への聞き取り等調査が行われた。その内容をもとに報告書が作成されたが、その冒頭には「全ク予測シ得ヘカラサル天候ノ激変ニシテ避ク可ラサル災厄ナリシコトハ明瞭ナリトス」との一文がある。つまり、この遭難事件の最大の原因が予測不可能な悪天候であり、いわば「天災」であるという軍当局の見方が示されている。報告書ではその後、計画・準備の段階、実施の段階、遭難後の救援の段階に分け、行軍の責任者に対する責任を問うているが、いずれの点においても大きな過失があるものとは考えられていない。行軍にも参加し、遭難の直接的な責任を負うとされたのは大隊長山口少佐だったが、救助後に死亡しており、それ以上の追及ができない状態になった。つまり、責任問題は曖昧な形で収束を迎えることになったのである。

　責任問題が曖昧になったことと関連し、軍当局では事件発生の当初から、犠牲者を「戦死者」として扱うことが検討されている。本来であれば、職務中の「事故」、あるいは指揮官の過失による「事件」として扱われてもおかしくない出来事だったが、犠牲者を「戦死者」とすることで、雪中行軍は戦争であり、そ

の中での遭難は顕彰されるべきものだという変化がもたらされたのである。事件後には犠牲者の遺族の事件の受け止め方を調査していることから、この軍当局の行動は軍に対する反感を抑えようとするものだったといえる。

　この流れのなかで、弘前の歩兵第三一連隊が長期の行軍であったにも関わらず犠牲者を出さなかったという事実は、責任問題や軍に対する忌避意識を再燃させる可能性をもってしまった。したがって、できるだけその事実を国民に知らせないことが、歩兵第五連隊の犠牲を戦死として扱う上で必要になったのである。成功した行軍が歴史の影に隠れてしまった原因はここにあるといえるのではないだろうか。

● 第八師団は日露戦争でどのような働きをしたか？

　第八師団は、日露戦争でどのような働きをみせたのだろうか。最も有名なものが黒溝台の会戦とよばれる戦闘への参加である。この戦闘は、1905 年 1 月 25 日から 29 日に行われ、日露戦争の戦局を決定づける奉天会戦の前哨戦となった。戦闘が行われた日付は弘前・青森の雪中行軍が実施された日付とほぼ重なり、いよいよ行軍の成果が発揮される場となった。

　まさしく死闘といえるもので、第八師団からは 15,719 名が参加したが、5 日間で戦死者 1,259 名、負傷者 3,890 名、生死不明者 70 名など、合計 5,219 名の損傷を受けた。軍事的に損耗率 30％で戦闘力喪失、50％を超えると壊滅状態といわれるなかで、第八師団の 40％近い損耗率は過酷さを物語っている。この戦闘に勝利したことで、日露戦争全体の戦局も打開された。この後、第八師団は「国宝師団」とよばれ、名誉を得ることができたが、その背景には戦闘での犠牲者に加え、雪中行軍での犠牲者がいたことも忘れてはならない。

　さて、現在の弘前市でも第八師団の遺構はどのような形で残っているのか。弘前市立第三中学校前の通り

弘前駐屯地に移設された歩兵第三一連隊の門柱（弘前市）

には「野砲兵第八聯隊之跡」と記された石碑がある。また、旧弘前偕行社（将校たちの厚生施設）が弘前厚生学院の記念館として残っており、歩兵第三一連隊の兵舎の門柱は陸上自衛隊弘前駐屯地に移設されている。このように、学都となった現在でも、弘前には軍都としての性格を持っていたころの面影が感じられるのである。

（鈴木康貴）

【もっと知りたい人のために】

八甲田山雪中行軍遭難資料館には、行軍のジオラマや兵士たちの装備・携行品が展示されている。また、データ化された数多くの写真も閲覧できる。遭難によって命を落とした兵士たちを弔うための陸軍墓地も隣接している。

また陸上自衛隊弘前駐屯地内にある防衛館には第八師団関連の資料が多く残されており、事前に連絡すれば見学できる。

さらに、青森県外になるが岩手県北上

八甲田山雪中行軍遭難資料館

市の北上平和記念展示館には7000通以上にも及ぶ軍事郵便が保存・公開されている。この地区から出兵した兵士たちが恩師・高橋峯次郎に送った郵便物であり、戦地の様子や故郷への思いなどが記されている。兵士たちの多くは第八師団での訓練後に戦地へ赴いている。

八甲田山雪中行軍遭難資料館	青森市幸畑阿部野163-4	TEL：017-728-7063
陸上自衛隊弘前駐屯地・防衛館	弘前市大字原ケ平字山中18-117	TEL：0172-87-2111
北上平和記念展示館	岩手県北上市和賀町藤根14地割147-3	TEL：0197-65-0300

＜参考文献＞

荒井悦郎「北の軍隊を見る地域のまなざし―郷土軍としての第八師団と大湊要港部―」河西英通・脇野博編『北方社会史の視座＜歴史・文化・生活＞第3巻』清文堂、2008年

山田朗『戦争の日本史20―世界史の中の日露戦争―』吉川弘文館、2009年

丸山泰明『凍える帝国―八甲田山雪中行軍遭難事件の民俗誌―（越境する近代9）』青弓社、2010年

中園裕「第八師団と弘前」山本和重編『地域のなかの軍隊1―北の軍隊と軍都 北海道・東北―』吉川弘文館、2015年

15. 革命を支援した津軽人—孫文・辛亥革命と山田兄弟—

☞ 教科書では

　19世紀の終わり頃、欧米列強がアジア各地へと勢力を拡大していった。その頃、日本も日清・日露戦争を経て大陸への進出を強めていった。そのような状況下、朝鮮半島や中国では自立を目指す動きがみられた。中国では、欧米列強の前に弱体化した清朝を倒して新しい世の中を創り出そうとする動きが起こっていたのである。こうした動きは、大陸でのできごとであったが、日本各地でこうした動きに関わる人々があらわれた。そして津軽にも中国の変革を助け活躍した人物がいたのであった。

● お寺に残る二つの石碑に書かれているものは？

　各地の城下町には、「寺町」と呼ばれる寺院の集まった地域があるが、弘前にもやはり寺院の集まる「新寺町」という町がある。弘前城の南方にある新寺町であるが、由緒ある町名についてその由来・特徴を広く紹介するために市内各地に設置されている「古町名標柱」には、次のように書かれている。

　「慶安2年（1649年）、弘前東方の寺院街の一画が焼失したのを機に、3代藩主信義は15カ寺の建築に着手、南溜池西方に新寺院街を作りました。以来、この地を新寺町と呼ぶようになりました。」

　新寺町は「新」が付いてはいるが、江戸時代以来の由緒ある地名であることがわかる。

　多くの寺院が立ち並ぶ寺院街の中ほどに、貞昌寺という浄土宗の大きな寺院がある。寺の山門をくぐるとすぐ左のほうに並んで建てられた二つの石碑が目に入る。二つの石碑にはそれぞれ次のように書かれている。

貞昌寺の山門

山田純三郎先生紀念碑　永懐風義　蒋中正題
山田純三郎先生墓碑
中国国民革命之艱苦奮闘中本黨得日友山田良政與其弟山
田純三郎之助力甚多當山田良政先生在恵州之役赴義戦死
本黨總理孫中山先生兩次撰文並新書墓碑讃其為人道之犠
牲亜洲之先覚者其後山田純三郎先生逝世本黨總裁蒋介石
先生為其題紀念碑曰永懐風義以紀念其有革命道義而永誌
不忘也一門難兄難弟同為忠義模楷猗歟賢哉
中華民国陸軍一級上将何應欽敬撰并書
中華民国六十四年三月二十九日花崗起義紀念日

山田良政先生之碑
山田良政君弘前人也庚子閏八月革命軍
起恵州君挺身赴義遂戦死嗚呼其人道之
犠牲亜洲之先覚身雖殞滅而其志不朽矣
民国八年九月廿九日
孫文謹撰并書

右の碑文には「山田良政」、「弘前」、「革命」、「戦死」、「孫文」などの文字が刻まれていることにすぐに気付く。左の碑文からは、右の碑文の文字に加えて「山田純三郎」、「蒋介石」、「中華民国」などの文字をみつけることができる。孫文や蒋介石といえば歴史の教科書にも名前が登場する人物であり、中国の辛亥革命に関わる人物である。

貞昌寺にある二つの石碑

なぜ弘前のお寺に孫文や蒋介石の名前が刻まれた石碑があるのだろう。また、山田良政、山田純三郎とは一体どのような人物なのだろうか。

● なぜ孫文や蔣介石の名前が？

　右側の石碑である「山田良政先生之碑」に書かれている内容をもう一度よく読んでみよう。

　山田良政は弘前の人であり、庚子閏八月に恵州で戦死したことがわかる。これは、1900年10月の恵州蜂起とよばれる革命の戦いのなかで、良政が命を落としたことを示している。孫文たちの革命の戦いは辛亥革命以前から展開されていた。何度かの失敗、挫折の後ついに1911年に辛亥革命が成功したのである。恵州蜂起もそうした革命の戦いのひとつであり、1900

山田良政（愛知大学東亜同文書院大学記念センター所蔵）

年に孫文は革命諸勢力を結集して広東省恵州での武装蜂起を計画した。

　日本やフィリピンからの武器支援の約束のもと蜂起は始まった。しかし、約束の相手であった山県有朋内閣が総辞職するという事態が起こってしまったのである。日本の軍部は義和団事件に諸外国の目が向いているうちに中国大陸への勢力拡大をはかろうと台湾から対岸の福建へと兵を送りこもうとしていた。しかし、英・米などがこの動きに気づき、日本政府は激しい抗議を受けることになった。いわばその責任をとって山県内閣は辞職に追い込まれてしまったのである。孫文と日本の支援者たちは次の伊藤内閣に対して、様々なつてを頼って約束を履行してくれるように働きかけたのだが、孫文らの奔走もむなしく支援の約束は果たされないことになってしまったのである。

　無念にも孫文は計画の中止を決断せざるを得なかった。だが、すでに蜂起は始まっており、戦っている仲間たちに計画の中止を知らせるとともに至急撤退させる必要があった。このとき孫文らの革命運動を支援して中国にいた良政が計画の中止を伝える使者の役を担ったのである。さらに、良政は計画の中止を伝えるのみならず、撤退する革命軍と行動をともにした。彼は、仲間を安全に撤退させるためのいわゆる殿（しんがり）の一員として行動していたようである。しかし、撤退する途中に政府軍の攻撃を受け、良政は何人かの仲間とともに捕らえられ

てしまった。日本人であることがわかれば、あるいは釈放されたのかもしれない。しかし、良政はあくまでも革命軍の一員として振るまい、そして処刑されたのである。

その後、混乱が続くなかで良政の消息は長く不明となっていた。彼の戦死が確認されたのは実に18年後のことである。清朝の軍人であった洪兆麟という人物が、偶然にもある宴席で良政の弟純三郎と出会い、自分が良政を処刑したことを告白し、良政の最期の様子や処刑された場所を純三郎に伝えたという。

山田良政は、孫文の革命運動を支援して犠牲となった最初の外国人であった。1913（大正2）年、まだ良政の戦死は確認されてはいなかったのだが、すでに良政が戦死したことを確信していた孫文は、犬養毅らとともに東京の谷中にある全生庵に碑を建て、自らの命を賭して自分たちの革命に力を注いでくれた良政の功績をたたえたのである。その後、良政の最期の様子が明らかになったときに、弟の純三郎が良政の落命した場所の土を弘前に持ち帰り、そして1919（大正8）年に山田家の菩提寺である貞昌寺で葬儀が行われたのである。このときに全生庵とほぼ同様の石碑が建てられた。それが、貞昌寺にある右側の石碑である。

弟の純三郎は兄の遺志を継いで孫文を助けた。彼もまた中国の革命運動に身を捧げたのである。辛亥革命は成功したものの中国の社会はなかなか安定することはなかったが、そのようななかにあって純三郎は秘書同然の役割を担って孫文を支え続けた。「革命未だならず」という有名な言葉を残し、1925年3月に孫文は病気で亡くなったが、ごく親しい者だけがいた臨終の場にも山田純三郎は立ち会っている。彼は、

山田兄弟関係地図
（国土地理院基盤地図情報をもとに作成）

孫文の死水をとった一人であったといわれている。こうした純三郎の功績を讃えたものがもう一つの石碑である。碑に刻まれた「永懐風義」という碑銘は、蔣中正、すなわち蔣介石が贈ったものである。この石碑は1976年に青森県日華親善協会（台湾との交流を促進する組織）の関係者らによって建てられたものである。

● 山田兄弟とはどんな人物か？

兄の良政は、1868（慶応4）年に元津軽藩士山田浩蔵の長男として弘前市在府町に生まれた。弟の純三郎は1876（明治9）年に同じく浩蔵の三男として生まれた。兄弟の父である山田浩蔵は、漆器製造会社を興し衰微していた津軽塗を復活させた「津軽塗中興の功労者」とされている。先述の通り

山田家の墓所（貞昌寺）

山田家の墓所は貞昌寺にあるが、貞昌寺で頂いた由緒書きには次のように書かれていた。

> 貞昌寺は、永禄二年（1559）、津軽藩の初代藩主・津軽為信が生母を弔うために、京都から岌禎上人を招き、平賀・大光寺（現・平川市）に建立したと伝えられている。為信の生母の法名（深徳院殿桂屋貞昌大禅定尼）と、二代藩主信枚の生母の法名（栄源院殿月窓妙輪大姉）にちなんで、「月窓山栄源院貞昌寺」と名づけられた。為信、信枚の生母のほか、三代信義の生母である大館御前（荘厳院殿果諡崇吟大姉）、為信の息女富姫（東泉院殿清光恵林大姉）が埋葬されており、津軽家の「裏方菩提所」として寺領六十石を賜っていた。

貞昌寺は津軽家に厚く保護された高い格式の寺院である。従って、そこに墓所のある山田家もそれなりの家格の武家であったのだろう。

在府町の山田兄弟が生まれた家の向かいには、新聞『日本』の主筆として活躍した陸羯南の生家があった。陸羯南はジャーナリストとして、欧米に追従的な近代化を批判し、日本独自の近代化を目指して政府と対峙した。そのために『日本』は政府から何度も発行停止処分を受けている。良政より10歳ほど年長

の羯南と、山田兄弟は幼い頃から親交があっ
たようであり、彼から様々な影響を受けてい
た。また、山田兄弟の母きせは、東奥義塾を
創設し初代弘前市長も務めた菊池九郎の姉で
あり、菊池九郎は兄弟の叔父にあたる。菊池
はまた津軽における自由民権運動のリーダー
の一人であり、明治政府に頼らない独自の津
軽近代化を目指した人物でもある。叔父であ
る菊池九郎からも多くの影響を受けていたも

陸羯南生家跡を示す案内板

のと思われる。つまり、山田兄弟は、様々な面での社会変革を目指した二人の
人物から多大な影響を受けて育ったことになる。陸羯南と菊池九郎という二人
からの影響を受けたことは、山田兄弟が後に中国の革命運動に身を投じていく
ことと無関係とは思えない。

　良政は、東奥義塾、県立師範学校で学んだ後、1888（明治21）年に陸羯南
を頼って上京した。このとき羯南から勧められたこともあって後に中国に渡る
ことになった。良政は、1898（明治31）年、戊戌の政変（梁啓超や康有為な
どの清朝改革派が保守派の西太后に弾圧される事件）が起こったときには改革
派の一人を救出し、日本へ亡命させるなど中国の改革運動に関わっていくよう
になる。その翌年、当時暮らしていた東京神田三崎町の家で孫文と出会った。
以後孫文の協力者として尽力することになる。孫文に協力するなかで、犬養毅
や宮崎滔天などの日本における孫文の支援者たちとも親交をもつことになる。
当時、宮崎滔天は自由や民権の実現を日本に求めるのではなく、広く世界に求
めていたのである。

　弟の純三郎は、兄と同じく東奥義塾で学んだ後に一時日本国内で働いていた
が、兄の勧めを受けて、1900年に中国にあった南京同文書院で学ぶように
なった。その後、満鉄や三井物産上海支店など中国で勤務する中で兄と同じよ
うに革命運動に関わるようになっていった。孫文との出会いは南京同文書院在
学中で、良政に紹介されたという。純三郎が孫文と出会って間もなく、兄良政
は革命運動の中で亡くなった。兄の消息が不明となる中で、純三郎は兄の意志
を継いで孫文を支援した。先述のように孫文の秘書の役割を担ったほか、革命

を進めるための資金調達などにも奔走している。

　1931年満州事変が起こり、日中関係は戦争の時代へと入っていった。この間も純三郎は上海で日本語専門学校の校長を務めるなど中国に留まっていた。そして、上海で日本の敗戦を迎えたのである。日本の敗戦により、上海にいた日本人は行動の自由を大きく制限されたのだが、純三郎はそれまでの功績のおかげで行動の制限をされること無く生活をすることができたという。自由に行動できるその立場を活かして在留邦人の保護にも尽力している。その後、1947年12月に日本に引き揚げた。1954年には蔣介石の総統就任式に招かれ、台湾で盛大な歓迎を受けている。そして、1960年2月、病気のため東京練馬の自宅で83歳の生涯を閉じたのである。

山田純三郎（左）と孫文
（愛知大学東亜同文書院大学記念センター所蔵）

● 山田兄弟の残したものは？

　弘前といえば、リンゴの生産で有名なことは周知の通りである。弘前とその周辺で生産されたリンゴは、国内での消費だけでなく、海外へも輸出され消費されている。青森県りんご輸出協会のホームページのトップページには、青森県のリンゴ生産量が約50万tに及ぶということ、そのうち2万tが海外に輸出されていて、その約95％が台湾向けの輸出であることが書かれている（青森県りんご輸出協会HP、2019年1月閲覧）。

　実はこの青森から台湾へのリンゴ輸出に山田兄弟が関わっているようだ。青森県りんご輸出協会のホームページには、リンゴの生産や輸出の状況とともに山田兄弟のことが詳しく紹介されている。福島第一原子力発電所の事故で、台湾へのリンゴ輸出は一時落ち込んだが、青森リンゴの安全性について情報発信するとともに弘前出身の山田兄弟の業績を紹介することで青森リンゴの信頼性

を回復したことが輸出協会のホームページ掲載の資料（「青森県におけるリンゴ輸出促進販売戦略と課題」）に述べられている。

貞昌寺の赤平法導住職によると、ときには台湾からリンゴを買い付けに弘前にやってきたバイヤーが、貞昌寺の山田兄弟の碑にお参りしていくこともあるという。また、1972年に日本が中華人民共和国と国交を結ぶまでは、台湾の駐日大使が新たに赴任する際には、必ず貞昌寺を訪れ山田良政の碑に参っていたそうである。桜の時期を中心に、弘前は中国や台湾からの多くの観光客を迎え入れいているが、そうした観光客が貞昌寺を訪れ山田兄弟の碑をお参りしていく姿をみかけることもあるという。

山田良政・純三郎兄弟は、まさか自分たちの行動が後の時代にリンゴの輸出や観光客の訪問に関わるとは思っていなかったことだろう。

（篠塚明彦）

【もっと知りたい人のために】

山田家の菩提寺で、山田良政・純三郎兄弟の石碑がある貞昌寺は、弘前の新寺町の中程にある。新寺町バス停からは徒歩で3〜4分。また、山田兄弟の生家は、貞昌寺から10分ほど歩いた在府町にあった。現在、その跡地は一般の住宅となっている。この住宅街の一角に「陸羯南生誕の地」と書かれた案内板が立てられている。道を挟んだ向かいに山田兄弟の生家はあった。

山田兄弟や陸羯南が学んだ東奥義塾は現在の弘前市立弘前図書館の辺りにあった。彼らの生家からは徒歩で7〜8分ほどである。

貞昌寺　　弘前市新寺町108　TEL：0172-32-1082

<参考文献>
上村希美雄『宮崎兄弟伝―アジア篇・上―』葦書房、1987年
岡井禮子『孫文を助けた山田良政兄弟を巡る旅』彩流社、2016年
武井義和『孫文を支えた日本人―山田良政・純三郎兄弟』あるむ、2011年
山室信一『アジアの思想史脈』人文書院、2017年

16. 禁じられた避難 —青森空襲—

☞ **教科書では**

　1941 年 12 月 8 日、日本軍は、アメリカ軍基地があるハワイの真珠湾を奇襲攻撃するとともに、イギリス領のマレー半島に上陸した。日本軍は、当初短期間のうちに、東南アジアから南太平洋にかけての地域を占領したが、1942 年 6 月のミッドウェー海戦の敗北により攻勢はとまり、その後、戦局は不利に展開していった。1944 年 7 月のサイパン島の陥落により、本土への空襲が激しくなり、青森県でもアメリカ軍による空襲が行われるようになった。そして、1945 年 7 月 28 ～ 29 日の青森市への空襲では、多くの死傷者を出し、北日本最大規模の被害となった。

● アメリカ軍がまいたビラには何が書かれていたのか？

　右の写真は、青森市にある筆者の実家から見つかった 1 枚の紙切れである。亡くなった祖母の遺品整理をしていたところ、木箱の中に丁寧に保管されていた。片面には、焼夷弾を投下するアジア・太平洋戦争時のアメリカ軍の大型爆撃機 B 29 が描かれ、周りには 12 の都市名が記載されている。右下から時計回りに、青森・西ノ宮・大垣・一ノ宮・久留米・宇和島・長岡・函館・郡山・津・宇治山田・東京の都市名がみられる。もう片面には、「日本国民に告ぐ」というタイトルの文章が掲載されている。

　この紙切れは、アジア・太平洋戦争の末期にアメリカ軍が散布した、空襲を予告する「伝単」と呼ばれるビラである。1945 年 2 月 17 日に東京都八王子市に初めて散布されたという記録が残っている。伝単に記載された都市へは、予告通り空襲が行われた。アメリカ軍が空襲前に伝単を散布した目的については、無差別爆撃による一般市民の大量殺戮に対する国際的非難を逃れるためという見方や、国民の戦意を喪失させるためという見方が示されている。

　この伝単に対して日本政府は直ちに回収し、所持を禁止する方針を出した。国内で初めて伝単が散布された翌日の新聞では、当時の憲兵司令部課長の言葉として「心許せぬ"紙の爆弾"敵の謀略　ビラは必ず届け出ること」と報じ、

発見した者は、直ちに憲兵隊または警察に届け出、一枚たりとも国土に存在させないよう厳重に注意することを命じている。

日本國民に告ぐ

米軍はこの五日の内裏面の都市の全部か数ケ所を爆撃致します。この爆撃は軍事施設や軍需品を製造する工場を破壊する為のものであります。米軍は罪なき人々を傷つけたくありません。あなた方は敵ではありません。新日本を造る為平和を愛する人々であります。敵はあなた方を壓迫する軍部であります。アメリカの爆撃は正確であります。裏面の都市から避難して下さい。あなた方の都市の少しもこれに爆撃される心配もなくても、四つか五つの爆撃された新しい都市の内に必ず裏面の都市が入るでありませう。このビラをよく読んで友達に知らせよ。

青森空襲前に米軍が投下した「伝単」（上が表、下が裏）

筆者の祖母が所持していた伝単は、1945 年 7 月 28 ～ 29 日の青森空襲の前に撒布された伝単であると思われる。伝単が撒布されたことについて、当時の警防分団員は、以下のように回想している。

> 　警察から、米軍機からビラがまかれたので拾った人があったら回収してすぐ焼却せよという命令がきたので、ぜひそのビラを見たいものだと思ったが届けでた人は全然なかった。市の中心部では、国道の上空でまいたが大部分は海岸の方に飛んでいったということであった。後日他の警防団員に聞いたところ、このビラで市民が動揺することを恐れた治安当局は警防団にも非常招集をかけ、特に集中的に落ちた相馬町の海岸一帯には十間（20 m）ごとに警官や警防団員が配置され町内をくまなく捜索し、海に落ちて流れついたものはもちろん、海にはいってまで回収した。
>
> （『青森空襲の記録』より引用）

　青森市内においても、伝単の回収が命じられたことがわかる。筆者は、祖母から青森空襲で被災し、家を失った話を幼い頃に聞いたことがあるが、伝単に関する話を聞いたことがなかった。恐らく祖母の家が当時、伝単がまかれた国道付近に位置していたことから偶然、手に入れたと思われる。そして、戦後も木箱の中に何重にも紙で包み、決して口外することなく保管していたことから伝単を所持することが、祖母にとっては一大決心だったと思う。

　伝単を空襲前に見た祖母は、何故避難しなかったのだろうか。祖母以外にもこの伝単を目にした市民は少なからずともいたはずである。この伝単によって被害は防げたのだろうか。実は、青森空襲は伝単で予告された空襲のなかで、最も被害が大きく、北日本のなかでも最も多くの死傷者を出している。なぜ、空襲が予告されたにもかかわらず、青森空襲による被害が大きくなってしまったのか。そこには、市民が避難したくてもできない事情があった。

● 市民はなぜ避難しなかったのか？

　青森県内への最初の空襲は、1945 年 7 月 14 ～ 15 日のアメリカ軍の艦載機による南北海道と東北全域に対する大規模な空襲である。この空襲で津軽海峡周辺の軍事関係の船舶が被害を受けた。被害を受けたのは、軍事関係の船舶だけではなく、本州と北海道を運行する青函連絡船も攻撃を受けて、全ての連絡船が失われ、人的被害は 500 人近くにも及んだ。

　この被害は、青森市民にも空襲の危険性を感じさせるとともに、空襲を予告する伝単も散布されたことから、多くの市民が次々と郊外へ避難し始めた。避難する市民に対して、当時の青森県知事の金井元彦は、「7月28日までに青森市に帰らないと、町会台帳より削除し、配給物資を停止する」という通告をした。当時の地元新聞は次のように報じている。

> 「逃避市民に"断" 復帰は廿八日迄」(『東奥日報』1945年7月21日付)
> 　敵機来襲に怯えて自分達一家の安全ばかりを考へ、住家をガラ空きにして村落や山に逃避した市民に対し、青森市では市の防空防衛を全く省みない戦列離脱者として「断」をもって望む事になった。住家をガラ空にしている者は二十八日迄に復帰しなければ町会の人名台帳より抹消する、従って一般物資の配給は受けられなくなるから、疎開するならば至急青森市警防課に対し疎開又は留守担当者の正式届出を行はねばならぬ、…（略）

　この通告を受けた青森市民は驚いた。物資不足の戦時下において、配給の停止は、生きていくことの可能性を絶つことになる。また、町会台帳からの削除は「非国民」のレッテルを貼られることになり、社会的立場を失うことになる。これらの重圧は空襲の恐怖よりも上回り、多くの市民が避難先から青森市内へ戻ってきた。

　2018年6月、青森空襲を体験した富岡せつさん（当時小学6年生）にお話を伺うことができた。富岡さんは空襲を恐れて、父親を青森市内に残し、母親と叔母、0歳と1歳の従妹2人と木造町（現つがる市）の親戚宅に避難していた。配給停止の通告を受けた時のことを以下のように回想している。

　　「配給が停止されたら、子どものミルクがなくなるので、大変だと思って急いで帰ることにしました。0歳の子は私がおんぶして、1歳の子は叔母がおんぶして、28日昼すぎの汽車で青森市に戻ってきました。私たちと同じように青森市へ帰ってくる人が大勢いました。自宅に戻った時、父親から『なぜ戻ってきたんだ、今日は危ないから帰った方がいい』と言われました。」

　数度にわたり、撒布された伝単だが、空襲前日の7月27日には大量にまか

れたらしく、恐らく富岡さんの父親もそれを目にしていたのであろう。そして、予告通り、7月28日の夜に空襲が行われた。

　なぜ、金井知事は避難を禁止する通告を出したのだろうか。金井は、知事就任前は、情報局第四部検閲課長・芸術課長兼情報局情報官という職に就いていた。この前職から、金井はアメリカ軍の爆撃の特徴や戦災の被害状況、焼夷弾の威力と危険性について知っていたと思われる。その金井が避難を禁止した通告は「防空法」という当時の法律に基づいたものであった。防空法8条3には、内務大臣が都市からの「退去禁止」を命じることが定められており、その権限は防空法施行規則9条2で県知事にも与えられた。この防空法とはどのような法律だったのか。

● 防空法とはどのような法律だったのか？

　防空法は、1937年4月5日に帝国議会で可決成立し、同年10月1日に施行された。制定当初の防空法は22カ条から成り、国民は空襲に備えて防毒・救護活動、防空訓練への参加、設備資材や土地家屋の供用・使用・収用、灯火管制などが、義務付けられた。ただし、制定当初は空襲に対する退去・避難などの内容はなかった。

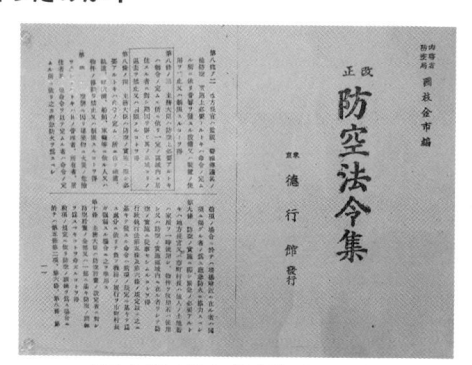

『改正防空法令集』（1943年）
（筆者撮影）

　その後、防空法は戦局に応じて、二度改正されている。一度目の改正は1941年11月25日、真珠湾攻撃の2週間前に成立した。この改正により、「都市からの退去禁止」や「空襲時の応急消火義務」などの空襲対策が追加され、罰則も強化された。さらに1943年の改正では、「退去命令」が追加され、老幼病者等に限り、都市からの避難が認められた。これにより、全国各地の都市では、小学生の農村部への集団疎開が行われるようになった。

　青森県においても、1945年3月17日、内務部に疎開課を設置して防空法に基づき、建物疎開や「老幼婦女子及び病人」に限定した人員及び家財疎開を計

画した。そして、青森空襲直前の市民の避難に対して、金井知事は「家を空っぽにして逃げたり、田畑を捨てて山中に小屋を建てて出てこないといふものがあるさうだが、もっての外である、こんなものは防空法によって処罰出来る」（『東奥日報』1945 年 7 月 18 日付）と語り、その三日後には、避難者に対する配給停止を通告している。戦後、当時のことを金井は次のように回想している。

> 　青森の空襲は、その前に米軍が空から空襲を予告するビラをまいたりしたものですから市民も敏感に感じていたらしく、あの日も皆荷物を積んでぞろぞろと疎開して行く光景があらわれていました。
> 　市街が空っぽになっては困るので、消火活動をする人は残ってくれと触〔ママ〕れたんです。　　　　　　　　　　　　　　　（『青森空襲の記録』より引用）

　金井が防空法で定められた空襲時の消火活動を行えないことを懸念していたことがわかる。また、金井は函館と青森の連絡船による戦時輸送を重視する立場をとっていたことから連絡船の発着地である青森の都市機能の維持を死守したいという思いが強かったと思われる。

　以上のように、防空法を背景とした“禁じられた避難”が、青森空襲において多くの犠牲者を出した。しかし、青森空襲の多大な被害の原因は避難の禁止だけではなく、アメリカ軍による空襲方法にも一因があった。

● 青森空襲はどのような空襲だったのか？

　1945 年 7 月 28 〜 29 日の青森空襲はアメリカ軍の B 29 大型爆撃機によって行われた。マリアナ基地から青森までの距離を往復できないアメリカ軍は、通常攻撃を行う部隊編成を 2 分割し、半数は給油のため硫黄島を経由して青森市に、もう半数はマリアナ基地から津市（三重県）に直行して空襲を行った。青森市上空に達したアメリカ軍は、まず照明弾を投下し、28 日 22 時 37 分から 1 時間 11 分にわたり約 8 万 3000 本の焼夷弾を投下した。最初に市街地の周辺に投下し、炎の輪をつくって市民の退路を断ち、その後、炎の輪の内側に焼夷弾を投下した。

　通常の半数の攻撃機数を補うために、使用されたのが新型の「M 74 焼夷弾」であった。M 74 焼夷弾は頭部を重くし、毒性が強い黄燐が挿入されており、消火活動を困難にするものであった。これは日本のような木造・低層の都市攻

撃用に開発されたもので、青森市がその効果を実証する「実験場」とされた。この焼夷弾により、青森市街地の約8割が焼失し、推定1000人以上の死者を出した。戦後、青森市に入り、詳細な調査を行った米国戦略爆撃調査団は、「M74は青森のような可燃性の都市に使用された場合有効な兵器である」と報告書において結論づけている。

　空襲当日の午後に、青森市に戻ってきた富岡さんは、この空襲で一緒に戻ってきた叔母と従妹2人を亡くした。空襲当日のことを次のように語ってくれた。

　　　「私は父と兄と一緒に逃げました。近くの防空壕に避難しようとしたのですが、暑くて息苦しくなり、父の判断で出ました。その後、何とか一命を取りとめましたが、叔母と従妹2人は、防空壕で蒸し焼きになって亡くなったことを父から聞きました。避難先から一緒に帰ってきたばかりに、赤ちゃんが2人死んでしまって…」

　青森空襲は、前日の避難禁止通告のみならず、アメリカ軍による新型焼夷弾の投下ということも重なり、多大な被害を出すことになった。

● 青森空襲を語り継ぐ人々

　青森市役所前市営バス停留所付近に、母親と子供2人の像がある。この像は、青森空襲から60年目の2005年に、焼失した県立病院跡地（現青森市役所）に建てられた。この母子像について、富岡さんは、次のようにお話された。

　　　「この像を見るたびに青森空襲で亡くした叔母親子を思い出すんです。母親が1人の子供を背負い、もう1人を抱きしめている姿が、まるで叔母親子を表しているようで。」

青森市役所前の母子像

　母子像の下には、この石像碑が建立された理由が記載されている。そこには、青森空襲の記憶を知らない世代が増えてきて、風化を防ぐために、しっかりと歴史に止め、語り継ぐために建立したと刻まれている。

　「青森空襲を風化させず、語り継ぐことを目的」として、1980年7月28日に青森市民の有志により「青森空襲を記録する会」がつくられた。「記録する会」では、各地での青森空襲展の開催や空襲資料の収集、空襲語り部の派遣などの活動を行っている。富岡さんも語り部として空襲の体験を次世代に伝えている。「記録する会」の今村修会長は、体験者の高齢化による青森空襲の惨状の伝え手の減少を懸念している。実際に体験した人々に代わり、体験者からの話を聞いた次世代による継承の必要性を今村会長は述べている。

　青森空襲を悲劇のみとして伝えるのではなく、その背景にある戦争という二度と起こしてはいけない歴史をしっかりと受け止めて、次世代に語り継いでいくことが必要である。

（金子勇太）

【もっと知りたい人のために】

　青森中央市民センター内に「青森空襲資料常設展示室」という一室がある。青森空襲の被害状況を示す資料や写真、投下されたM74型焼夷弾の残骸などが展示されている。市民センター開館時には、自由に見学することができる。

青森空襲資料常設展示室

　青森空襲資料常設展示室
　青森市松原1丁目6-15　青森市中央市民センター内　TEL：017-734-0163

<参考文献>
「青森空襲の記録」編集委員会『青森空襲の記録』青森市、1972年
青森空襲を記録する会『写真集（改訂版）青森大空襲の記録―次世代への証言―』、
　　2002年
水島朝穂・大前治『検証防空法―空襲下で禁じられた避難―』法律文化社、2014年

17. 岩木山から眺める戦後日本

☞ **教科書では**

　多くの教科書は 1945 年を転換点に位置づけ、戦争の時代から「平和と繁栄」の時代への移行を強調している。確かに戦時と戦後の断絶は分かりやすいし、戦後に生まれた思想や制度の意味を「戦時の否定」という側面から捉えることは大切である。その一方で、近年、戦時体制が戦後に温存されたことを探り出す関心や、人々の「生」に向き合う関心などを含みながら、戦時と戦後の連続性を捉える視角も提起されている。本章では、敗戦後に岩木山麓に入植した人々に焦点をあて、その歴史的経験の意味を戦時も含んだ時間的射程のなかで考えてみたい。

● 岩木山に牛！？

　右の写真を見て欲しい。津軽で暮らす人々にとってはお馴染みの岩木山を背景にして、何やら見慣れぬ動物の姿が映っている。「牛」だ。

　これは、1960 年代末ごろに岩木実験牧場という場所で撮影

岩木実験牧場（齋藤尚子氏提供）

された写真である。現在は「津軽カントリークラブ・百沢コース」へと姿を変え、牧場も牛の姿も目にすることができない。では、この牧場はどのような経緯で開かれたのだろうか。そして、ゴルフ場へと姿を変えた背景には、どのような経緯があったのだろうか。

● 帝国日本の解体と人々の再移動

　戦争を体験した方は年々減少しており、子どもたちが直接的に話を聞くこと

は相当に難しくなってきている。ただ、一定の年齢以上の方であれば、何らか
の形で年長世代の戦争体験談に触れる機会があったのではないだろうか。その
際、アジア規模の視野を備えていなければ体験者から発せられる言葉を上手く
消化できないと感じた経験や、現在との地理感覚の違いに戸惑った経験を持っ
た方も多いはずである。「昭南」（現シンガポール）、「奉天」（現中国・瀋陽）、「新
京」（現中国・長春）、「豊原」（現ロシア・ユジノサハリンスク）といった聞き
慣れない地名を耳にすることも多く、兵役や出稼ぎ、疎開などに伴う越境的な
移動の経験談に遭遇することも珍しくない。交通事情は現在よりも遥かに不便
であったはずだが、帝国日本が産み落とした「大東亜生活圏」とでもいうべき
広大な空間のなかで、膨大な数の人々が移動を繰り広げていた。

　陸軍第八師団が設置されていた青森県からも多数の兵士たちが戦闘地・占領
地などへ送り出され、また、国策として進められた移民事業によって満州や樺
太などへ向かった人々も多かった。一方で、中国や朝鮮半島から「内地」への
移動を強いられ、過酷な労働に従事した人々が存在したことも忘れてはならな
い。そして、1945 年の帝国日本の崩壊は再び大規模な移動を生じさせること
となり、青森県でも人々の流入／流出が活発化することとなった。ここでは、「外
地」から青森県に引き揚げた人々の状況を『読売新聞　青森版』（1946 年 6 月
15 日）で確認してみよう。「引揚者を救はう／命の綱は県民の同情」という見
出しのもとで、次のような状況が報じられている。

　　外地引揚げの県出身復員軍人や一般人は十日現在で一万五千百名にたつし
　た、うち樺太からの六千二百二十三名が一番多く、華北の千五百四十五名、
　朝鮮の千五百四十五名、中国の千二百四十六名がこれにつゞき、サイパンで
　米軍のあたゝかい保護をうけてゐた者も十一名、ラバウルのほら穴で穴居生
　活をしてきたという兵隊も一名帰つてきてゐる、これら引揚げは大部分親許
　なり縁故先に一まづ落ち着いてゐるが、なかにはせつかくたよつてきた縁故
　者が戦災で行方不明であつたり、つめたい態度にゐたゝまらず途方にくれて
　ゐるものもある
　　　　　　　出典：『青森県史　資料編　近現代5』649 頁より再引用

　これら「外地」から帰還を果たした人々のなかには、戦闘や飢えなどをくぐ
り抜けて命からがらたどり着いた人や、帰還途中に肉親や友人などを失った人、
築き上げた資産を放棄せざるを得なかった人なども存在した。また、帰還を望

みながらも現地に残留せざるを得なかった人もいた。

　他方、日本に支配されてきた諸地域にとって敗戦とは「解放」を意味し、「内地」で暮らしていた朝鮮人・中国人などの帰還も開始されていくが、その過程では痛ましい出来事も起きている。1945 年 8 月 22 日に多数の朝鮮人帰国希望者を乗せて下北半島・大湊港から釜山にむけて出港した運送船・浮島丸号は、8 月 24 日に急きょ航路を変更して舞鶴へ入港を試みた際に沈没し、乗員 25 名と乗船者 524 名が犠牲となった。

　このような敗戦／解放後の人々の移動については、多くの教科書が国民生活の一コマとして取り扱っており、関連地図や写真を掲載しているケースも多い。しかし、帰還あるいは残留した人々が、その後どのような人生を歩んだかについては、ほとんど記述されることはない。今日の日本には 1945 年を境にして社会が新しく生まれ変わったという見方が深く浸透している。しかし、帰還／残留した人々の生活に視点を置いて考えると、1945 年以降も戦時と変わらぬ労苦が継続したケースも少なくなかった。以下では、「外地」から帰還した後に岩木山麓で新たな生活を開始した人々の経験に注目し、日本社会が彼らをどのように迎え入れようとしたのか、彼らが与えられた条件のなかでどのように生きようとしたのかを探ってみたい。

● その後、彼らはどう生きたのか？

　人口減少・少子高齢化が大きな課題となっている今日とは対照的に、敗戦直後の日本社会では「過剰人口」への対応が喫緊の課題に位置づいていた。660 万人とも見込まれた復員軍人と民間・引揚者たちの雇用を確保し、社会のなかに組みいれることが求められたのである。食糧事情も深刻であった。それまで食糧供給地となってきた朝鮮・台湾などを失い、かつ戦災によって国土が疲弊するなかで、食糧増産をいかに成し遂げるかが切迫した課題として立ち現われていたのである。多くの教科書で取り上げられている闇市や飢え、食糧メーデーなどの背後には、このような差し迫った状況があった。そして、この「過剰人口」と「食糧増産」を同時に解決する施策として構想されたのが「戦後開拓」である。

　政府が 1945 年 11 月に閣議決定した「緊急開拓事業実施要領」には、その基

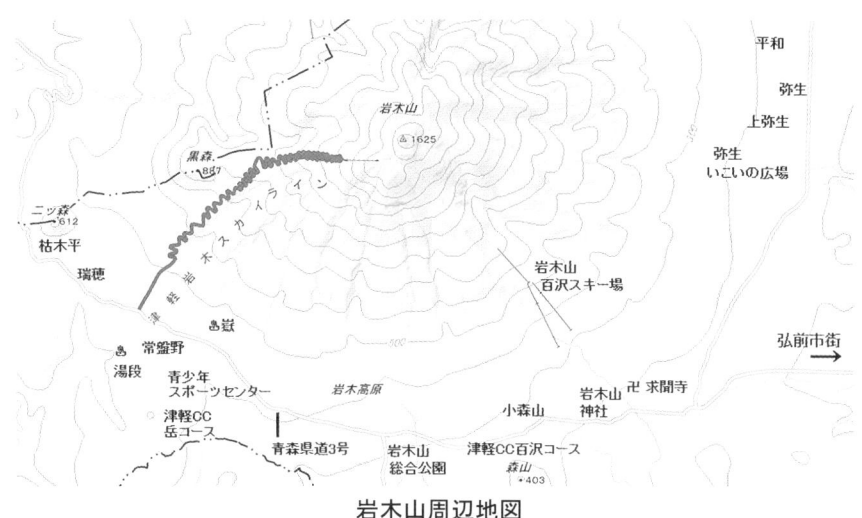

岩木山周辺地図
（国土地理院の電子国土 Web を基に作成）

本方針として「終戦後ノ食糧事情及復員ニ伴フ新農村建設ノ要請ニ即応シ大規模ナル開墾、干拓及土地改良事業ヲ実施シ以テ食糧ノ自給化ヲ図ルト共ニ離職セル工員、軍人其ノ他ノ者ノ帰農ヲ促進セントス」ことが掲げられた。これに対応して青森県でも、1946 年 1 月に青森県緊急開拓委員会が設置され、5 カ年の間に4万haの開拓と6670戸の入植を目指す開拓事業計画が策定されることとなった。この計画に基づき旧軍用地・国有林などを開拓用地として確保するとともに、復員軍人や引揚者などを対象にした入植の斡旋・募集が進められた。入植地は青森県全域に及び、小川原湖周辺地域や十三湖周辺地域などでは大規模な国営開墾干拓事業も推進された。入植者には住宅資金の貸与、助成金や農業資金などの公的支援がなされたほか、農業技術・経営に関わる支援員を配置する体制も整えられた。このような支援体制もあって応募者は殺到したという。しかし、開拓用地のなかには農耕に適さない土地も多く、困難な開墾作業を強いられるケースも少なくなかった。国家的統治を司る政策立案者たちの思惑と、実際に荒地に鍬を入れる入植者たちの生活現実の間には大きな隔たりがあった。

　岩木山麓もそうした困難な入植地のひとつであった。旧岩木町（2006 年に弘前市と合併）における主な開拓地は、杉山、平和、上弥生、小森山、瑞穂な

どの地区であったが、既にリンゴやコメなどの農地開拓が進んでいた南津軽地方においては良好な土地が失われ、入植者たちは条件の悪い土地を開墾せざるを得なかった。そのため、「平和」や「瑞穂」といった地名に込められた願いとは裏腹に、入植した人々は厳しい現実に直面することになった。生活インフラも十分に整備されず、地縁やコミュニティも欠いたなかで、山麓のきつい傾斜や冷涼な気候、豪雪、生い茂る森林などと対峙しなければならなかった。

そうした岩木山麓での開拓が家庭生活にどのような影響を与えていたかを探るうえで、『陸奥新報』が1962年9月26日から10月8日にかけて8回にわたり連載した「開拓婦人の生活記録」は貴重な手がかりを与えてくれる。生活記録運動は1950年代に公民館・社会教育主事などによって推進され、生活記録を書き綴ることを通して自らの生活を見つめなおし、生活をつくり変える主体性を獲得する取り組みであった。そこに綴られた文章を読むと、戦後17年目にあたる1962年の段階では、ある程度の安定的な生活基盤が築かれていた様子がうかがえ、将来に向けた意気込みを感じとることもできる。

だが、回想されている生活経験は壮絶であり、「開拓婦人」たちの悲しみや痛みが読み手に鋭く迫ってくる。連載された生活記録に共通して確認することができるのは、荒地の整備や痩せた土地での農耕に伴う労苦、冷害や台風による不作、家畜の失敗などによる不安定な生計、そして僅かばかりの補助金で糊口を凌ぐ暮らしが続いたことの記述である。また、主人が怪我や過労、栄養失調などで体調を崩すことも多く、婦人たちが労働・家事・育児などを一手に引き受けなければならなかったことへの言及も目立つ。病や死と隣り合わせであったにもかかわらず、医療機関へのアクセスが困難であったことや子どもを失った経験も散見される。そして冬場は出稼ぎを強いられ、散り散りの生活のなかで実感してきた不安や寂しさの叙述も多い。

●「嶽きみ」の成功は何を意味するか？

こうした開拓民たちの苦難に満ちた経験からは、国家を統治する者たちによって「人口」として操作・管理され、生活のリアリティを軽んじた無謀な施策に戦中のみならず戦後までも翻弄され続けた姿が浮きあがってくる。実際、長期にわたって苦しい生活を強いられた人々や離農せざるを得なかった人々も多

く、なかには移民と
して再び海外へ渡った
人々さえも存在した。
　その一方で、与えら
れた過酷な環境条件の
もとで試行錯誤を続け
ながら生活の基盤を築
き、自立を果たす人々
の姿もあった。そうし
た人々のたくましい生
きざまが刻まれた農産
物に「嶽きみ」がある。

岩木山麓のトウモロコシ直売店

　例年、8月中旬から9月にかけて岩木山麓の青森県道3号沿いでは、「嶽きみ」
と呼ばれるトウモロコシを直売する露店が軒を連ね、青森県内外からの購買客
で賑わう光景がみられる。近年では、インターネット販売などを通じて全国的
にも知られるようになり、青森県を代表する特産品のひとつになっている。

　この嶽きみ生産を始めたのは、樺太などから引揚げて瑞穂地区に入植した
人々である。入植したのは1949年のことで、当初は大豆や菜種をはじめとし
て20種類以上の作物を試行錯誤しながら栽培していたという。そのひとつと
してトウモロコシも扱ってはいたものの、当時は在来品種のモチキミと飼料用
のデントコーンを栽培していた。その後、1961年に弘前の種苗店から紹介さ
れた「T51クロスバンタム」という品種を栽培したところ、これまで以上に強
い甘みが得られたため、商品としての可能性を感じて生産拡大へ踏み切った。
1960年代半ばには弘前市および青森市のスーパーや嶽温泉街の商店、岩木山
麓での露店などで販売する体制が整い、次第に「嶽きみ」の呼称も定着するよ
うになった。そして、1970年代半ば以降になると、それまで取り組まれてき
た酪農経営が低迷していったことや減反政策への対応が求められたことなどが
追い風となり、嶽きみ生産は一段と拡大し、農園も枯木平地区などへ広がって
いった。

　嶽きみを特徴づけているのは、糖度18度以上にもおよぶ圧倒的な甘さであ

る。朝夕の寒暖差が激しい岩木山麓の気候が、この甘さを生み出しているという。高冷地栽培のため他地域より出荷時期が遅いことや、害虫がつきにくいことも、競争力と商品価値を高める要因になっている。また、既にりんご生産を通じて確立されていた販売ルートが、嶽きみの販路拡大にも活かされてきた経緯がある。ここには、国策に巻き込まれ困難な条件に置かれながらも、与えられた自然・社会条件と柔軟な姿勢で向き合い、地域住民とも交流を深めながら自立していった開拓民たちの力強い姿をみることができよう。

● 観光開発への転換

　さて、本章の冒頭でも触れた通り、1960 年代の岩木山麓では酪農を営む光景がみられた。実は岩木山麓における農牧の歴史は江戸・明治期にまで遡ることができる。かつて常盤野地区には、弘前藩が良馬生産のために開いた放牧地が存在していた。その後、明治期に入ると、困窮する士族たちを救済するために「農牧社」が創設された。経営の中核を担ったのは大道寺繁禎（社長）と笹森儀助（副社長）であり、近代的な農牧経営の試みが開始された。その後、農牧社は藤田謙一に引き継がれ、藤田農牧場と名を変えている。藤田は弘前藩士の家に生まれ、日本商工会議所初代会頭や貴族院議員を務めるなど実業界で活躍した人物として知られている。

　このような蓄積のうえに、敗戦後に再び農牧が始められることになった。きっかけは、1960 年に農林省が北海道・青森県・兵庫県・長野県・大分県の五カ所に大規模機械化実験農場（いわゆるパイロットファーム）を設置する方針を示したことにある。貿易自由化

求聞寺に隣接する示現堂
1975 年の土石流災害で犠牲となった 22 名の追悼施設として建立された。

時代を見据え、日本の農業の国際競争力を強化するための施策であった。

　こうして青森県では岩木山麓・百沢地区が指定され、同年8月に有限会社・岩木実験農場が設立された。当初の農場経営は様々な課題・困難にぶつかったものの、次第に軌道に乗りはじめ、全国五カ所の農場のなかで唯一の黒字経営を達成するほどまでになり、1968年2月に8年間の実験期間を終了した。その後も有限会社・津軽環境牧場と改称して経営を継続していくが、補助金が得られなくなったことで経営は悪化していったという。こうしたなか、1975年8月の豪雨によって土石流災害が発生し、農場は全滅することとなった。

　この間、日本経済は右肩上がりの成長を続け、大規模な開発ブームが巻き起こっていた。この動きは青森県にも波及し、岩木山麓においても観光開発に向けた動きが活発化していくことになった。東京オリンピックが開催された1964年には岩木山百沢スキー場がオープン、翌1965年には岩木山スカイラインが開通している。青森空港に初の定期便（羽田線）が就航したのも、1965年のことであった。その後も、東北自動車道や東北新幹線の拡張などに呼応しながら岩木山麓の観光開発は進展し、温泉地・宿泊地やレクリエーション施設、観光農園などの整備が進められていった。そして、岩木実験農場も津軽カントリークラブに買い取られ、1984年に「津軽カントリークラブ・百沢コース」へと姿を変えていった。

（小瑶史朗）

＜参考文献＞
「岩木山を科学する」刊行会編『岩木山を科学する』北方新社、2014年
「岩木山を科学する」刊行会編『岩木山を科学する2』北方新社、2015年
高瀬雅弘編『山田野―陸軍演習場・演習廠舎と跡地の100年―』弘前大学出版会、
　　2014年
金子守恵「トウモロコシにたどりつくまでに―青森県岩木山麓における嶽キミの
　　産地形成過程について―」農耕文化研究振興会編『農耕の技術と文化』第
　　24号、2001年
大門正克『戦争と戦後を生きる―全集 日本の歴史　第15巻―』小学館、2009年

18. 高度経済成長期・津軽からの「問い」

☞ **教科書では**

　教科書の高度経済成長期の叙述は、経済発展の光と影を描き出している。技術革新、産業構造の転換などの動向を基調に据えつつ、所得の増大や家電・自動車などの普及、オリンピック開催といった成果を示す一方、その弊害として農村の過疎化や公害の発生などに触れている。バランスよく記述されているものの、その視野はドメスティックに閉ざされている。また、この時期に高揚した社会運動の姿はほとんど扱われていない。本章では、東アジア情勢との関連を重視しながらこの時代をみつめなおし、冷戦体制を背に展開された安保・経済成長政策が人々の生活や意識をいかに変容させ、そこからいかなる「問い」が発せられたかを考えてみたい。

● 東アジア冷戦のなかの青森

　1位：沖縄県（184,993千㎡、70.28％）、2位：青森県（23,743千㎡、9.02％）、3位：神奈川県（14,731千㎡、5.60％）。これは、在日米軍施設・区域（専用施設）の都道府県別面積のうち、上位3県の数値を示したものである（2018年1月1日現在、防衛省HPによる）。在日米軍基地が沖縄県に集中している状況はよく知られているが、青森県が第2位に位置づいていることは青森県民にもあまり知られていないのではないだろうか。面積の大半を占めているのは三沢基地であり、沖縄返還（1972年）以前は日本で最大規模の在日米軍基地に位置づいていた。

　1940年代末頃から深刻化した米ソ両陣営の対立は、東アジアでは「熱戦」とでもいうべき様相を呈していった。中華人民共和国の成立（1949年）や朝鮮戦争（1950年）などの事態のなかで、アメリカは沖縄を「太平洋の要石」と公称して軍事戦略上の重要拠点に位置づけていった。この間、日本海軍の飛行場として使用されていた三沢基地も進駐したアメリカ軍に接収され、日本海を隔てて旧ソ連と対峙する戦略拠点に姿を変えていった。

　なお、当初は軍国主義の徹底的解体と民主化を標榜していたアメリカの対日

政策は、1950年前後から「反共」と再軍備を重視する方針へ転換していくが、1960年代になると韓国や沖縄などの「前線地域」に軍事的負担を集中させる一方、日本をアジア地域の経済成長の「核」に位置づけて自由主義陣営に属するアジア諸国への経済支援を担わせる分担体制を構築するに至った。このような構図のもと、韓国などの「前線地域」では軍事秩序が強化され、独裁的な政権のもとで人権や民主主義が大きく制限されることとなった。これとは対照的に、日本本土ではアメリカの軍事的な存在感が次第に薄まり、経済成長に邁進する条件が整備されていった。

　とはいえ、日本全体が「平和と繁栄」を謳歌していたわけではない。急速な工業化が公害や地域格差などの深刻な社会問題を引き起こし、中央主導の地域開発により住民たちの平穏な暮らしが脅かされる事態も続発していた。青森県でも、そうした矛盾や負担を担わされる地域が現れることとなった。

●「安全保障」に抗った津軽の人々

　1972年1月1日、鰺ヶ沢町。そこには、元日にもかかわらず大漁旗を掲げてデモ行進する700人ほどの漁師たちの姿があった。西津軽郡車力村（現つがる市）へのミサイル射場設置計画に抗議の声をあげたのである。

　当時、防衛庁はアメリカで実施していたミサイル発射訓練を国内で実行できるよう、日本海沿岸地域にミサイル射場を設置することを画策していた。その候補地として車力村に白羽の矢が立った。1971年11月初旬に防衛庁と村長が折衝していた事実が明るみとなり、11月23日には協力要請文書が公式発表された。この間、設置予定地を県外の不動産会社に取得させ、これを

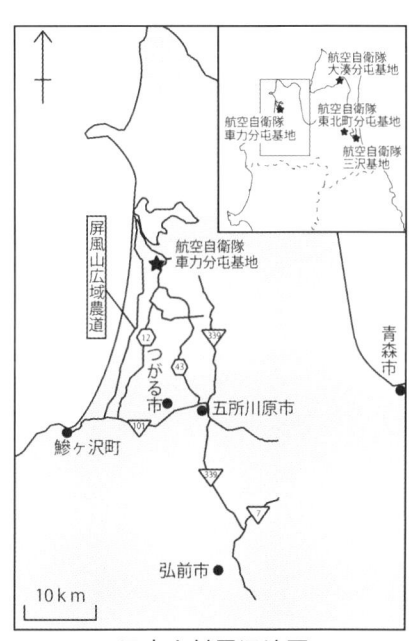

旧車力村周辺地図

防衛庁が秘密裏に買収していたことも明らかになった。

　このような不透明な手続きもあって、村民たちの怒りは爆発した。11月下旬にはミサイル射場設置反対同盟が結成され、激しい抗議運動が展開されていった。同年12月下旬には、村民の約8割に及ぶ反対署名が関連省庁に提出されたほか、農業団体や漁業組合なども相次いで反対の声をあげていった。なかでも、日本海沿岸を漁場とする漁師たちの抗議活動は活発であった。先述の元日デモに続き、1972年1月14日に鰺ヶ沢町立西海小学校で開催された西北漁民総決起集会には、各漁協が申し合わせて出漁を取りやめ、1200人もの人々が集った。これらの抗議活動のなかで漁師たちは、次のように訴えていた。

> 　　　　　怒りをこめて「車力村ミサイル射場」設置計画を粉砕しよう
> 国防論とか憲法論争は一応あと廻しにして、とにかく、この計画をご破算にして貰おう。町民の皆さま、私達は今、父祖伝来の生きるべき唯一の漁場を何ら正当な理由もなく、一方的に国家権力によって無残に奪取されようとしております。闇から闇へ、深く広く、政治的な根廻しが張りめぐらされ、補償という悪魔的な素顔を微笑で粉飾するなど、あらゆる策動が誰かの手によって、より強くより厳しく加速度的に強行されております。私達はこの漁場を死守し、私達の子孫へ完全に引きつぐ絶対的な義務を背負っております。町民の皆さま、私達は、それをなくしては生きてゆくことのできない、唯一の漁場を、嵐の前に立つ葦のようにおびやかされ、まさに死の竿頭に立たされつゝあります。…後略…
>
> 　　　　　　　　　　　　昭和四六年十二月二十三日　鰺ヶ沢漁業組合
> 　　出典：青森国民教育研究所『車力村ミサイル射場反対闘争の記録』1972年

　海辺で暮らす人々にとって、海は生活の糧を得るため漁場であると同時に、子どもたちの遊び場でもあり、祭りなどを通じて住民同士が繋がる場、外部から人やモノ・文化が往来する場でもあった。住民のあいだでは、そうした海を媒介にした豊かな繋がりが破壊されてしまうことへの不満と不安が広く共有されていた。

　同じように、屏風山一帯の豊かさが失われることを訴える人々もいた。ミサイル射場設置反対同盟に参加した小山内久一氏は、屏風山一帯の森林が水を貯え、農地を甦らせ、薪炭材を供給し、牧草地を生み出して農耕馬の繁殖・飼育を支えるなど多面的な役割を果たしてきたことを力説し、その「宝の山」とし

ての屏風山が「泣いている」と訴えるのであった（小山内久一『屏風山は泣いている―ミサイル射場反対闘争の記録―』1980年）。

1972年1月29日にも参加者3000人を超える反対集会が開催されるなど、反対の声が日増しに拡大するなか、2月13日に鰺ヶ沢町議会および深浦町議会が射場設置反対を決議、2月19日には車力村議会ミサイル問題調査特別委員会がミサイル射場要請の拒否を決議した。これを受けて青森県知事と車力村長が防衛庁に拒否の意を公式に回答し、設置計画は中止となった。だが、防衛庁は用地を手放さず、引き続き協力を要請する方針を堅持していった。

【もっと知りたい人のために】

車力村のミサイル射場設置問題で揺れた屏風山周辺地域では、日本海側から吹き込む潮風と飛砂を防ぐための植林活動が藩政時代から続けられてきた。「屏風山」の名は、その森林の形状が「屏風」を思わせることから命名されたと伝えられている。

ミサイル射場問題が浮上した1970年代初頭には畑作地帯

屏風山広域農道の案内板

を造成する国営農地開発事業が計画され、1972年から着工に移された。その一環として、鰺ヶ沢町から十三湖にほど近い五所川原市・市浦を結ぶ「屏風山広域農道」が整備された。農道周辺でメロンやスイカなどが栽培されていることから、一般には「メロンロード」の愛称で知られているが、地元住民のなかには「ミサイル道路」と呼ぶ人も多い。航空自衛隊車力分屯基地に直結していることや、農地開発事業が基地受け入れの補償的な意味合いを含んでいたことからそう呼ばれている。

なお、1979年8月、車力村は航空自衛隊から基地設置の協力要請を再び受けることになる。ソ連のミサイル・爆撃機を迎撃する高射隊の配置が目的であった。この要請を受けて8月24日に開催された車力村議会は、賛成10、反対5で受け入れを決定、翌1980年10月に車力分屯基地が配置された。その後、2006年にはアメリカ軍の要請を受けて高性能ミサイル追尾レーダーである「Xバンドレーダー」が日本で初めて配備された。

● 青森の「1968」

　近年、世界および日本の歴史的転換点として「1968 年」に関心が注がれている。世界に目を向けると、アメリカにおけるキング牧師暗殺に伴う公民権運動の高揚、ベトナム反戦運動の世界的拡大、フランスにおける「五月革命」やチェコスロバキアにおける「プラハの春」などの重要な出来事が相次いで発生した年であり、日本でも学生運動やベトナム反戦運動の高揚がみられた。また、1968 年前後には国際空港建設をめぐる三里塚闘争や水俣病闘争、ウーマンリブ運動、革新自治体運動といった多様な目標・目的を掲げる社会運動が重層的に展開されていた。

　これら社会運動の同時多発的な展開は、冷戦秩序を規定してきたアメリカとソ連の支配力が弱体化するなかで進行していた。この点に注目して、これらの変動を冷戦体制崩壊（1989 年）へと至る長期の民主化過程の一環として把握する見方が示されている（小熊英二「『1968』とは何だったのか、何であるのか」『思想』2018 年 5 月号、岩波書店）。また、日本では急激な近代化の最中に、これら社会運動が展開されることとなった。そのため、エコロジー思想などの脱成長志向的な目標が掲げられたほか、旧来の政党・組織動員型から「個」の自発性を尊重した運動形態への転換が進むなどの変化もみられた。

　車力村のミサイル射場設置反対運動も「1968」に連なる社会運動であり、先行する運動実践で示された状況認識や課題意識、運動形態などから刺激を受けて取り組まれていた。とりわけ、この時期の青森県では八戸市の新産業都市指定（1964 年）と公害問題の深刻化、むつ製鉄事業の挫折（1965 年）、フジ製糖休業に伴う労使紛争（1967 年）、原子力船「むつ」の提携港建設問題（1967 年）、安保条約破棄・三沢基地撤去を求める集会（1970 年）など、国家プロジェクトに翻弄される事案が相次いで発生し、国策・国益と住民の暮らしとの緊張関係が鋭く可視化されていた。

● 弘大生たちの問い

　こうした住民運動や反戦運動の高揚と並行して、弘前大学を舞台にした学生運動も活発化していた。1968 年の東大闘争・日大闘争を契機に全国各地に波及した学生運動の波は、弘前大学にも及んでいた。1969 年に入る頃から学生

たちによるストライキやデモ、教室封鎖などが頻発するようになり、同年9月6日には全共闘派の学生たちが大学本部（現在の弘前大学創立50周年記念会館付近に所在）を占拠封鎖した。封鎖解除を求める教職員や学生たちの働きかけがなされ、9月19日には全

学生ストライキの様子
（1969年6月17日・弘前大学附属図書館提供）

学討論集会も開催されている。しかし、解除は進まず、大学当局は機動隊の導入に踏み切った。

こうして9月27日早朝に機動隊が本部に突入したが、幸いにも封鎖に関与した学生たちは既に撤退しており、負傷者を出すことなく解除が進められた。だが、学生たちは拙速な機動隊導入を批判し、各学部でストライキの動きが広がった。ストライキが解除されたのは1970年2月のことであった。研究・教育活動が再開された後も大学自治や沖縄返還、ベトナム戦争などをめぐる学生たちの問題提起は続けられ、その余波は1980年代初頭にまで及んだ。

この時期に学生運動が高揚した要因として指摘されているのが、大学進学率の急上昇と学生数の増加である。大学進学率は1960年代初頭に急増、1963年には15%を突破した。その後、1960年代半ばに一旦下落するものの、1960年代後半以降に再び上昇した。特に1960年代後半はベビーブーム世代の進学時期と重なり、大学生数は著しく増加していた。この間、大学生たちは大人数を対象にした授業や相次ぐ学費値上げ、校舎・図書館・食堂・学生寮などの施設の不備、教員とのコミュニケーションの希薄化などへの不満を募らせていた。

こうした大学教育を取り巻く状況に加え、高度経済成長に伴う急激な生活文化の変容と社会矛盾の激化が重なり、学生たちの政治意識は高揚していった。そこでは資本主義体制への批判意識が広く共有され、マルクス主義がそれを下

支えした。そして、自らが直面する大学自治をめぐる諸課題と、沖縄復帰や三沢基地、ベトナム戦争といった社会的諸課題が密接不可分の問題として捉えられていた。

その一方で、大学生の「政治運動」は、自らのアイデンティティや生活のリアリティを

学生運動の宣伝印刷物
（1972 年 10 月 25 日・弘前大学附属図書館提供）

確認しようとする「表現活動」としての性格を多分に含んでいた。当時の大学生たちは、急激に成熟していく近代社会のなかで自己形成を遂げなければならなかった最初の世代でもあり、大量消費社会の進展や人間関係の希薄化といった事態のなかで自己の喪失感に思い悩む者も少なくなかった。「政治運動」は、そうした存在論的な問いを抱える若者たちの承認欲求を満たし、自己表現や他者との繋がりを得る場としても機能していた。

ところで、当時の学生運動では大量の宣伝印刷物が作成され、弘前大学附属図書館にもその一部が『学生運動宣伝用印刷物』として保管されている。1 週間に数回にわたって発行されていたケースや、前日・当日の出来事が記載されているケースも確認することができ、印刷物の作成が容易になっていた様子がうかがえる。その速報性や手軽さは、さながら今日のツイッターを想起させる。当時の学生運動はこうしたメディア技術の発達にも支えられ、これまで政党や労働組合などの組織しか活用できなかった情報発信・連絡技術が大衆化したことで、諸個人の自発性を基盤にしたネットワーク型の新しい社会運動の形が生みだされていった。

● 私たちへの問い

成田龍一氏（日本近現代史）は、衝撃的な出来事を経験することで過去が

それまでとは異なる姿で立ち現われることがあると指摘する。その例として、1945 年 8 月 15 日や 2001 年 9 月 11 日を挙げるとともに、2011 年 3 月 11 日に発生した東日本大震災とその後の原発事故もまた、過去に対する思考の転換を要請する出来事であったとしている。日本社会に潜在する深刻な矛盾を抉りだした「3.11」の経験をくぐり抜け、我々は現在直面している課題の成りたちや構造などを探るために新しい視点から過去を問い直す必要に迫られている。問うべき課題は多いが、本稿で取り上げた高度経済成長期の青森・津軽に視点を置くならば、なぜ敗戦と被爆を経験した日本社会に再び軍事基地と核／原子力関連施設が設置されたのか、そのリスクはどのような人々に、いかにして押しつけられていったのか、これらの施設を受け入れた地域は何を手に入れ／何を失っていったのか、といった問いが浮上してくる。

　他方、当時の学生運動は私たちに何を訴えているだろうか。とりわけ、現在の若者たちは、そこから何を感じとるだろうか。なぜ、「政治」や「社会」にあれほど熱心にコミットできたのか、そんな素朴な疑問を抱くのかもしれない。皮肉にも、かつて若者たちと敵対していた政府・文部省は、現在、選挙権年齢を 18 歳に引き下げるなどして若者の政治・社会参加を呼びかけている。この間にインターネットや SNS などの情報環境が著しい進化を遂げる一方、若者を取り巻く経済・社会状況は厳しさを増している。このように眺めると、若者たちを政治・社会参加へ向かわせる制度や環境、状況は確実に整いつつあるようにみえる。だが、いったん見失った「私」と「社会」を結びつける回路は、そう容易には取り戻せそうにない。この点に、私たちが生きる時代に特有の困難さがあるのかもしれない。

（小瑶史朗）

＜参考文献＞
小熊英二『1968 ＜上＞若者たちの叛乱とその背景』、『1968 ＜下＞叛乱の終焉とその遺産』新曜社、2009 年
安彦良和・斉藤光政『原点　THE ORIGIN』岩波書店、2017 年
安田常雄編『シリーズ戦後日本社会の歴史 3　社会を問う人びと─運動のなかの個と共同性─』岩波書店、2012 年
成田龍一『「戦後」はいかに語られるか』河出ブックス、2016 年

19. 列車に乗った「金の卵」たち

☞ 教科書では

日本経済は 1950 年代半ばから 1973 年にかけて、年平均 10％程の持続的な成長を遂げていった。人々の生活スタイルは大きく変化し、教科書ではテレビ、洗濯機などの家庭電化製品や自動車の普及、交通網の整備などの変化が記されている。しかし、このようなモノの増大や利便性の向上にとどまらず、多様な就業機会が生みだされ、人生の選択肢が増えた点にもこの時期の特質があった。この産業構造の転換に伴う新たなライフサイクルの出現は、第一次産業が盛んであった青森県にひときわ大きな影響を与えていくことになった。

● 集団就職とは？

ＪＲ東日本上野駅の不忍口を出て左に進み、ちょうど高架をくぐり抜けようとする付近に「あゝ上野駅」と銘打たれた石碑がある。これは 1964 年にヒットした井沢八郎の歌謡曲『あゝ上野駅』をモチーフにした歌碑であり、上野駅開設 120 周年を記念して 2003 年に建立されている。レリーフには、当時「金の卵」と呼ばれた学生服を身にまとう集団就職者たちが駅に降り立った様子が刻まれている。その歌詞には、

上野駅付近にある『あゝ上野駅』歌碑

新天地での苦労や自分を鼓舞する言葉、離れて暮らす家族を想う言葉などが並び、当時の集団就職者たちの愛唱歌となっていた。『あゝ上野駅』を歌った井沢八郎は青森県弘前市の出身で、集団就職が盛んだった 1960 年代初めに中学校を卒業し、その後、歌手を目指して上京した。

青森県出身の「金の卵」たちを題材にした作品はほかにもある。例えば 2005 年に公開された『ALWAYS 三丁目の夕日』では、集団就職で青森県から

上京した星野六子が登場している。最近では、NHK連続テレビ小説『ひよっこ』
（2017年放送）でも、ヒロインが上京して就職した電機会社の同期の女子工員
として青森出身の兼平豊子が登場している。

　さて、「集団就職」とは、集団規模での求人に対応した就職を意味し、職業
安定所や学校が主要な斡旋機関となってきたが、このような就労体制が生みだ
された背景にはいかなる事情があったのだろうか。まず、雇用する側にとって
は求人募集のコストを削減できる利点があった。他方、雇用される若年労働者
たちやその保護者にとっても、地元で培ってきた人間関係を保持しながら安心
して就職できるという利点があった。そのうえ、若年層の単身者は移動に伴う
コストが相対的に少なく、人件費も安く、かつ求められる技能を柔軟に吸収す
ることが期待できることなどから重宝されることとなった。

　そして、集団就職が拡大していった前提条件として、1950年代末以降の都
市部における労働力需要の増大があった。特に工業部門では技術革新による生
産コストの低下が実現し、賃金の上昇を伴いながら労働力需要が急伸する状況
が続いていた。その結果、農村との所得および就業機会の格差が明白となり、
新規学卒者を中心に農村から都市への人口流出が加速することとなった。1960
年代に入ると、都市部に流入した若い世代が家族を形成することで消費市場が
一段と拡大し、テレビや電動洗濯機といった耐久消費財の主たる購買先が形成
されることにより、持続的な経済成長サイクルが生みだされることになった。

　それでは、こうした産業構造の転換を伴う大規模な人口移動のなかで、青森
県はどのような位置を占めていたのであろうか。この時期の中卒者の集団就職
をめぐる需給関係には大きく分けて四つの型があったとされる。第一は「受入
れ型」であり、東京や愛知、大阪のように中卒者の6割以上を他県からまかなっ
た都府県である。第二は「半供給／半受け入れ型」であり、中卒就職者の3～
4割を送り出す一方、同規模の労働力を他地域から受け入れた地域であり、石
川、福井、埼玉、岐阜などがその例とされる。第三は「自給自足型」であり、
北海道がその代表とされている。そして、第四が他県への送り出しが7割以上
を占める「供給型」である。鹿児島や熊本、秋田などとともに、青森もこのタ
イプに類型化されている。この「供給型」の県の多くは、第一次産業が中心的
な産業に位置づいている点に共通した特質があった。

1960年代に進展した労働人口移動は、農家出身の新規学卒者が主たる移動者となっていた。例えば、1960年時点における都道府県をまたいだ労働力移動のうち、農家出身の新規学卒者が占める割合は57％にも及んでいた。農業部門が急速に縮小し、そこから押し出される形で農家の子

五所川原駅で「金の卵」を見送る様子（1964年）
（白岩昭氏撮影・提供）

弟たちが卒業を契機に都市部の工業部門へ吸収されていったのであり、当然、その影響は農業が盛んな地域により深く及んでいた。青森県の場合も、農業後継者を除くと、中学校および高等学校の新卒者を受け入れる県内の就職先は少なく、あったとしても雇用条件が良くなかった。こうして、多くの「金の卵」たちが職を求めて都市へと移動していった。

●「金の卵」を運んだ就職列車

　ところで「集団就職」という言葉から青森県が連想されることも多いが、前述した映画・ドラマや歌謡曲の影響に加え、「就職列車」の存在も青森県と集団就職を強く結びつける一因になってきた。就職列車とは集団就職者専用の臨時輸送列車であり、「金の卵」たちを就職先に送り届けるために青森県・県民生活労働部職業安定課が国鉄と交渉を進め、1954年に運行を先駆的に開始し、1975年まで続けられていく。その第一便は、1954年4月5日午後3時33分に青森駅一番ホームを出発し、野辺地、古間木（現三沢）、尻内（現八戸）、三戸の各駅で停車したのち、常盤線を経由して翌6日午後0時40分に上野駅七番ホームに到着した。次頁には、当日の様子を報じた新聞記事を掲載したが、これを読むと歓送会に各行政機関の長が列席したことが記されており、県をあげての取り組みであったことが分かる。また、就業先は関東地方にとどまらず関西地方にも及び、引率者が同行していたことも記されている。

別れのベルに頬紅潮／学卒県外就職者　きのう勇躍壮途へ

（『東奥日報』1954年4月6日）

発車ちよつと前からプラットホームいつぱいに"蛍の光"のメロディが流れる。"しつかり、頑張つて""元気でやれエ"とはげまし合つていた人波が列車の線に沿つて離れると、少女たちはみんなハンカチで顔をおおつてしまつた。ベルが鳴る。少年たちは頬を赤くし、少女たちは涙の顔をあげた。…中略…六百五十名のうち三百五十名が青森駅に集合、午後三時から東北線ホームで歓送会が開かれた。知事（代理神鳥労働部長）田村教育長、横山青森市長らから『環境が変つて心配でしようが、辛抱強くがんばつて下さい。あなた方の働きがこれから後に続く人達の励ましになるのです』と激励の言葉があり向井護君（青工高）が『青森県と学校の名誉をけがさぬようがんばります』と答辞を述べた。

県からは古川事務官（職安課）ほか四名の事務官が東京、埼玉、神奈川、静岡、京都、大阪、兵庫各府県まで付添い、途中野辺地、古間木、尻内、三戸各駅から三百名が乗込んだ。

（『青森県史資料編　近現代6』に再録）

このように集団就職は、雇用する側の企業による働きかけだけではなく、労働力を供給する側の県による積極的な関与のもとで進められていた。冷害や農業の不振に悩まされてきた青森県にとって、県外求人を開拓する取り組みは産業・労働政策上の重要課題に位置づいてきた。しかし、1950年代初頭の段階では多額の赴任旅費が発生することや、保護者たちが消極的な姿勢を示していることなどがネックとなり低調であったという。その後も労働行政担当者や職業安定所職員らが新卒者への就職前指導、保護者への啓蒙活動、卒後支援などを地道に重ねていくが、工業化が本格化した1950年代末以降になると、空前の「売り手市場」へと転じ、前述の就職列車の整備もあって都市圏への移動が加速していった（次頁の表を参照）。この頃には、雇用する事業者の側が手土産をもって生徒宅を戸別訪問したり、保護者たちを「工場見学」と称して会社に招いたり、内定者が心変わりしないよう支度金などを送ることなども行われていたという。

● 新天地での「金の卵」たち

　では、若くして故郷を離れ、都会へ向かった「金の卵」たちは、新天地でどのような生活を営んでいったのであろうか。冒頭で紹介した『ALWAYS 三丁目の夕日』に登場する青森出身の星野六子は、転職することなく下町工場の「鈴木オート」で働き続けている。職場や地域で「六ちゃん」と呼ばれるほどの温もりのある人間関係のなかに迎え入れられ、やがて結婚するストーリーが描かれている。だが、全て「金の卵」たちが順風満帆な人生を歩んだわけではなく、映画とは異なる厳しい現実に直面する者も多かった。

| 新規中学卒業者で県外就職した者の推移 ||
年度	人数
1951 年	66
1952 年	106
1953 年	349
1954 年	590
1955 年	672
1956 年	1,050
1957 年	2,099
1958 年	2,470
1959 年	2,770
1960 年	3,388
1961 年	3,815
1962 年	5,767
1963 年	5,800
『東奥日報』（1963 年 6 月 9 日）より	

　青森県が発行する広報誌『県政のあゆみ』1953 年 7 月号によると、青森県は「就職後の補導」の一環として新規学卒・県外就職者 130 名を訪問し、就労状況について聞き取り調査を実施している。そこで明らかにされた問題点として、①就職前職業相談において示された雇用条件との相違、②赴任後精密な身体検査による採用取消、③言語の相違からくる卑屈感、④食物、仕着せ、賃金待遇等の喰い違いからの不平不満、⑤雇用主、同僚間の意志疎通に欠ける点からくる感情的もつれ、⑥環境、生活様式の変化によるセンチメンタルなホームシック、という 6 項目が挙げられている（『青森県史資料編近現代編 6』に再録）。

　また 1963 年 6 月 9 日付『東奥日報』に掲載されている集団就職の特集記事には、退職・帰郷する者や転職する者が後を絶たなかったことが記されている。そして、事業者側の要望として「ことばが悪いので、学校でもう少し標準語教育をやってくれ」、「あまりものはいわないが、心の中に不満があるように見える。九州の子とはすべてに対照的」、「入社したときはみなユメをもっている…中略…現実がそんなに甘っちょろいものではないといことを周囲で教えてやってほしい」といった声が紹介されている。

　こうした厳しい労働環境や冷たい眼差しのなかで、孤独感や疎外感を抱え込む若者も少なくなかったことは容易に推察できよう。加えて、高校・大学進学

率が急増する社会情勢のなかで、「中卒」に劣等感を抱く者も多かった。そのため、「金の卵」たちの中には日中の労働を終えた後に定時制高校で学ぶ者も少なくなかった。1968年に連続射殺事件を起こした永山則夫も、そうした若者の一人であった。1965年に集団就職で青森・板柳町から上京した永山は、職を転々とする傍らで、わずかな期間であるが定時制高校に通っていたことが知られている。そこには、どのような思いがあったのだろうか。その後、永山は獄中で執筆活動に向かい、故郷や家族をモチーフにした文章を繰り返し綴っていった。

● 引き裂かれる家族

　高度経済成長期の青森県では、季節的移動労働（いわゆる「出稼ぎ」）も急増していた。消費ブームは各地に及び、農村でも冷蔵庫や洗濯機などを購入する動きが活発化していた。加えて、農業の近代化も推し進められ、耕運機をはじめとする農業機械の導入が進んでいった。この間、東京オリンピックや大阪万博、新幹線・高速道路建築に伴う工事をはじめ建設業界では季節的労働力への需要が急増していた。その結果、悪化する農業経営・家計を補てんするために出稼ぎに向かう人びとが増えていったのである。

　だが、出稼ぎは大きな経済効果をもたらす一方で、それに付随する多様な問題を生じさせた。青森県は1963年に「出稼対策協議会」を開催し、同年12月に「青森県出かせぎ労働者総合対策要綱」を設置している。同要綱は、出稼ぎに付随する諸問題として、安直な出稼ぎ依存による農業経営改善意識の低下、賃金未払い問題、不透明な募集手続、家族内の不和や子どもの教育問題、留守家族の負担増加、地域の共同活動の困難化などを挙げている。また、労働災害も多発していた。

　こうした中で、これら出稼ぎをめぐる諸課題の解決をめざす自治体・諸団体の活動も展開されていた。例えば、1969年11月20日付の『東奥日報』は、県内有数の出稼ぎ送り出し地域であった五所川原市の出稼ぎ対策室が、市内の中学校を舞台にして離れて暮らす家族をビデオで繋ぎ、近況を伝え合った取り組みを報じている。この時期の教師たちもまた、引き裂かれた家族を繋ぎとめる活動を展開していた。嶋祐三『出稼ぎと教育―そこでいきる子どもと教師―』（民衆社、1974年）には、教師たちの目に映る子どもたちの厳しい生活現実が

「おとうさんが、でかせぎにいってしまっ
てから二年くらいたちました。てがみをか
きました。おかあさんはリンゴばこをだい
にして、ときどきかんがえては、えんぴつ
をうごかしていました。ながいてがみをか
いたので十二じごろにねました。わたしは
そのよる、おとうさんにあったゆめをみま
した。ほんとうにうれしかったです。
ゆめでもいいから、もういちどあいたいと
おもいます。でも、まだまだこないので、
ときどきしゃしんをみています。でも、しゃ
しんはうごかないし、あたまをなでてくれ
ないからつまらないです。いまは、ただて
がみのくるのを待っています。そして、い
つまでもあえるひをまって、ほとけさまを
おがんでいます。まいにちごはんをあげて、
おがんでいます。」

（『東奥日報』一九七〇年一一月一三日）

克明に記され、出稼ぎ先の保護者たちを巡回訪問した調査活動などの取り組み
が記録されている。そうした子どもたちの困難に寄り添う教育活動のひとつに、
生活綴方教育があった。

　詩や作文を書くことを通して子どもたちに自らの生活現実を直視させ、その
痛みや思いを級友・教師と共有しながら問題の構造を捉えようとする試みであ
り、1930 年代以来の北方性教育運動を引き継ぐ取り組みでもあった。1970 年
11 月 13 日付『東奥日報』は「子供の目に映る出かせぎ」という見出しで、五
所川原市内の小学校の文集づくりを取り上げている。そこには、本ページの上
部に掲載した小学 2 年生の作品も紹介されている。この時期の青森県では、こ
うした生活綴方教育に連なる教育活動が活発に展開されていた。子どもたちの
書いた作品は、日本作文の会編『子ども日本風土記＜ 2 ＞青森』（岩崎書店、
1972 年）などに収録されている。

● 故郷を遠く離れて

　青森県の「就職列車」は 1975 年 3 月を最後に廃止され、新規中卒者の集団
就職も高度経済成長の終焉とともに姿を消していった。だが、青森県から都市
圏への人口移動は、姿を変えて現在もなお継続している。青森県で生活してい
ると季節労働の求人情報に出くわすことも多く、高卒者の県外就職率は今日も

高い水準にある。集団就職・出稼ぎの歴史は、移動した人々が単なる「労働力」ではなく「人間」であること、残された家族・地域にも深い影響を及ぼすこと、都市への移動によって故郷との関係が断ち切れるわけではないことなど、現在にも通じる多くの教訓を教えてくれる。

一方で、近年、青森県では農業や水産加工、建

『津軽平野』の歌碑（五所川原市・芦野公園）
作詞・作曲は吉幾三。出稼ぎを題材にした曲として青森県民に広く知られている。春の到来と父の出稼ぎからの帰郷を待ちわびる歌詞が刻まれている。

築業などの分野で「技能実習生制度」を活用した外国人実習生の受け入れが進展している。開発途上地域の若者に一定期間の「実習」の機会を提供して祖国の発展に資する知識・技能等を習得させる制度であるが、その実態は人手不足の産業部門に外国人労働力を配置する制度として機能し、長時間労働や事前説明と異なる作業への従事などのトラブルが相次いで報告されている。彼らが抱いている不安や苦悩、故郷への思いなどを受け止め、「人間」として迎え入れることができるのか。集団就職・出稼ぎの歴史から、受け入れる側のあり方を考えることも大切である。

（金子勇太・小瑶史朗）

<参考文献>

苅谷剛彦・菅山真次・石田浩編『学校・職安と労働市場―戦後新規学卒市場の制度化過程―』東京大学出版会、2000 年
山口覚『集団就職とは何であったか―〈金の卵〉の時空間―』ミネルヴァ書房、2016 年
澤宮優『集団就職―高度経済成長を支えた金の卵たち―』弦書房、2017 年
石黒格・李永俊・杉浦裕晃・山口恵子『「東京」に出る若者たち―仕事・社会関係・地域間格差―』ミネルヴァ書房、2012 年

あとがき

　弘前大学教育学部という縁でつながった者たちが、自分たちのつながりを目に見える形で残してみたいという思いから本書の企画ははじまった。それから、2 年あまりの月日が過ぎてしまった。

　出版企画は立ち上げたものの、コンセプトやプロットの検討、執筆分担の割り振り等、いざ編集会議を開こうにも日程の調整もままならず、なかなか前に進むことができなかった。学校現場の多忙化の影響はこんなところにまで及んでいた。平日はもちろんのこと、土曜日や日曜日といえども現場の教員たちは部活動の引率や行事・授業の準備等のために時間を調整することが難しかった。多忙化の問題は大学教員もまた例外ではなかった。

　それでも、何とか形あるものを残してみたいという思いは変わらずにいた。実際にプロットを作ってみると、それだけでも津軽地方の特色や歴史的現実が見えてきて大変興味深かった。そのことがまた、執筆者一同の背中を押し、なんとしても作り上げたいという気持ちを一層強くさせた。

　忙しいなかではあったが、わずかに自由になる時間を割いてそれぞれが分担に関わるフィールドに足を運び、写真を撮り、資料を集め、そして原稿を書き上げた。こうして書き上げた原稿を持ち寄り、幾度かの検討を重ねどうにか最終稿を仕上げることができた。

　今回の出版企画に当たっては、弘前大学出版会編集委員会の皆様には本当にお世話になった。特に、編集委員のお一人である教育学部の高瀬雅弘先生には、早い段階から出版に向けての細かな段取りや実務について相談にのって頂いたほか、出版会編集委員会との連絡調整などの労をお執り頂いた。この場を借りて深く感謝申し上げたい。

　また、地図の作成にご協力頂いた弘前大学大学院教育学研究科の壇綾女さん、写真の掲載を許諾して頂いた関係機関の皆様にも深く感謝申し上げたい。

　様々な苦労をしてどうにか作り上げたこの書籍が一人でも多くの方の目に触れることを願うばかりである。

2019 年 4 月

名残雪の降る弘前にて　小瑶史朗・篠塚明彦

― 執筆者一覧 ―　　(50音順、＊は編者)

金子勇太（かねこ ゆうた）
青森県総合学校教育センター指導主事
指導主事として教員研修などに従事する傍ら、高校歴史科目の改変を見据えて、北方史を題材とした歴史授業の実践開発を積極的に進めている。

小瑶史朗（こだま ふみあき）＊
弘前大学教育学部准教授
東アジアに開かれた市民教育のあり方について、特に近現代史教育を中心に研究を進めている。地域学習にも関心をもっている。

小林雅人（こばやし まさと）
青森県鶴田町立鶴田小学校教諭／元弘前大学教育学部附属小学校教諭
主に古代の防御性集落及び中・近世の城館を研究。現在は考古学と文献史学を融合し、最新の研究成果を反映させた授業開発を進めている。

佐藤一幸（さとう かずゆき）
弘前大学教育学部附属小学校教諭
大学院では日本中世史を専攻し、中世・近世の城郭についても研究を進めた。地域を意識しつつ、授業開発を進めている。

篠塚明彦（しのづか あきひこ）＊
弘前大学教育学部教授
高校・中学での現場経験を活かしながら、教育研究活動にあたっている。専門は社会科教育・歴史教育。日本史と世界史の融合に強い関心をもつ。

鈴木康貴（すずき やすたか）
青森県立柏木農業高等学校教諭
大学院では歴史学を専攻し青森県の近現代について研究を進めた。大学院での研究を活かして日々教材開発に取り組んでいる。

瀧本壽史（たきもと ひさふみ）
弘前大学教職大学院教授
高校現場での経験を活かして教職大学院における教師教育や地域教材の開発に力を注いでいる。日本近世史の研究者としても北奥地域を中心に研究を進めている。

中妻雅彦（なかつま まさひこ）
花園大学社会福祉学部教授／前弘前大学教職大学院教授
小学校教員としての豊富な経験を活かして教員養成・教師教育にあたる。社会科教育のみならずカリキュラム、教育方法等にも深い造詣をもつ。

教科書と一緒に読む　**津軽の歴史**

2019年 7 月31日	初版第 1 刷発行
2019年10月29日	初版第 2 刷発行
2020年 1 月20日	初版第 3 刷発行
2020年12月21日	初版第 4 刷発行
2023年 7 月 7 日	初版第 5 刷発行

編著者　小瑶　史朗・篠塚　明彦

装丁者　弘前大学教育学部　佐藤光輝研究室
　　　　賈　夢琦（装画）
　　　　土屋牧子（デザイン）

発行所　弘前大学出版会　　　　**HUP**
〒036-8560　青森県弘前市文京町 1
Tel. 0172-39-3168　Fax. 0172-39-3171

印刷・製本　小野印刷所

ISBN 978-4-907192-77-8